SV

Erica Pedretti

Engste Heimat

Suhrkamp

Für Unterstützung dankt die Autorin
der Stiftung Pro Helvetia

Erste Auflage 1995

Druck: MZ-Verlagsdruckerei GmbH, Memmingen
Printed in Germany

Engste Heimat

für
Patric
Annetta
Susanna
Martigna
Carolina

I.

Die Tischplatte

ist aus durchbrochenem, ornamentiert gelöchertem Gußeisen, modellierte Eisenfüße stehen im hohen Gras.
»Kannst du mir nicht die Häkelnadel suchen«, sagt Fräulein Bielohradsky, »da, dorthin muß sie gefallen sein«, weist mit einer Hand, und mit Daumen und Zeigefinger hält sie die offene Masche, hält ihre Häkelei, die Ähnlichkeit mit der Tischplatte hat.
»Sie kann ja nirgends als unter dem Tisch liegen«, sagt die Großmutter, und sie bücken sich, die Frauen beugen sich von ihren Sesseln, Anna kriecht unter den Tisch. Tante Berta streckt sich als erste wieder, sehr gerade sitzend, strickt sie weiter.
»Danke«, sagt Fräulein Bielohradsky, als das Kind ihr die Nadel hinaufreicht, »jetzt können wir mit dem Englisch weitermachen.«
»Mister Brown, Mister Brown«, Anna führt ihren Finger den Eisenschnörkeln nach, läßt ihn quer über den Tisch tanzen.
»Weiter!«
»Meine Brille, wo ist meine«, sucht die Großmutter, der Finger überspringt eine Blume, zieht eine Ranke entlang, Blättern nach, hebt balancierend die Gläser am Nasenbügel hoch.
»Hier, schau, vor deiner Nase«, sagt Tante Berta.
Die verwachsenen Apfelbäume hinter Tante Berta.
»Also?«
»Mister Brown, Mister Brown, are you going down to town?«
»Weiter«, sagt Miss Bielohradsky.
Mit neun Jahren fühlt Anna sich zu alt für Kleinkinderverse.

»Miss Whitecastle is your name.«
Hinter hohen Mauern ein weißes Schloß in einem großen alten Garten, denkt sie sich, ähnlich dem grauen Schloß hoch über den Mauern dieses alten Gartens.
»Du sollst nicht ablenken«, mahnt Großmama.
Zwischen den Obstbäumen ein Kopftuch, dort kauert Frau Dietrich, jätet ein Blumenbeet.
»Are you going down to town? Could you kindly take me down?«
Frau Dietrich versucht sich aufzurichten. Die Farben, das Muster auf ihrem Tuch. Halb gebückt, geht sie einige Schritte, verschwindet hinter hohen Stauden.
Ob sie weiß, warum mein Onkel fort ist?
»Weiter.«
»Could you take me down to town? Thank you kindly, Mister Brown.«
Anna preßt ihre Hände auf die von der Sonne erhitzte Tischplatte, drückt sich die heißen Eisenreliefs als Muster in die Handflächen.
»Allright, *Miss* Weisschlössl?«
»Sei nicht frech!« Die Großmutter schaut sie an: »Und sitz grade.«

Die zwei alten Damen stricken, so wie sie im letzten und vorletzten Sommer, an der Sonne sitzend, gestrickt haben, denkt sie, wo er wohl ist, hinter diesen Mauern, was er jetzt macht?
Thank you kindly, erinnert sie sich: Mr. Brown, wie Herr Hauk, auf dem Kutschbock seines Wagens, so weit etwa werden sie in Englisch gerade sein, oder: London's burning, London's burning! Haben sie das schon gesungen?

Lang und mager sitzt ihre Großtante Anna gegenüber, und mollig, eine Haarrolle um ihr schönes Gesicht, die Großmut-

ter. »Sitz grade«, mahnt sie: »Halt dich doch grade«, immer wieder liebevoll streng: »Sitz grade!«
Sonst stricken sie schweigend, um die Stunde nicht zu stören, das Kind nicht abzulenken. Die schnellen Bewegungen der strickenden Hände, Finger, Nadeln, die sich so eilig kreuzen, Fäden verschränken, daß das Abstricken der einzelnen Maschen, der Ablauf der Arbeit nicht mehr auszumachen ist, stundenlang Fingerübungen, unermüdlich einstechen, Faden umschlagen, einholen, Masche von der Nadel lassen, Masche um Masche, tagelang, unermüdlich Monate, Jahre verstrikken.
Fräulein Bielohradsky schaut auf die Uhr: »Fünf Uhr, jetzt kannst du deine Vokabeln lernen.«
»Und lispeln englisch, wenn sie lügen«, hat doch Großpapa gestern gesagt, oder hat er wieder zitiert? Wahrscheinlich aus dem ›Faust‹ zitiert, den er von Anfang bis Ende auswendig kann.
»Wo ist die Nadel?« fragt Großmama, »geh, die wird da durchgerutscht sein, geh, sei so lieb, such mir meine Stricknadel, sie kann ja nirgends als unter dem Tisch liegen.«
Und die drei Frauen bücken sich von ihren Sesseln, während das Kind auf allen vieren unter dem Tisch sucht, im Gras sucht, und sie strecken sich grad, eine um die andre, zur Not kann man Pulloverärmel mit nur vier Nadeln stricken. Der Pullover wird für Anna sein oder für eins ihrer Geschwister.
»Eigentlich sollte man zwischen Obstbäume keine Blumen pflanzen«, meint Tante Berta. Ihre Mutter, Annas Urgroßmutter, hat die Bäume gepflanzt.
»Ich glaube, Lupinen schaden ihnen nicht, im Gegenteil.«
Nun unterhalten sich die Frauen, tratschen, würde Großmama sagen; was sie tratschen, weiß ich jetzt nicht mehr, aber ich weiß, daß die immer das Wichtigste auslassen. Alles, worüber Anna gern mehr, etwas Genaues wüßte, das sagen sie nicht.
»Paß auf, du trennst mir meine Häkelei auf!« Fräulein Bielo-

hradsky zieht an dem himmelblauen Garn, in dem sich das Kind verwickelt hat.

Wie es ihm geht? Vielleicht weiß auch die Großmutter das nicht. Anna traut sich nicht, sie zu fragen, fürchtet sich davor, sie weinen zu sehen, und sie hat Angst, irgend jemanden zu fragen. Vielleicht reden sie nur dann nicht von meinem Onkel, wenn ich es hören könnte, vielleicht befürchten sie, ich könnte, was ich höre, weitererzählen. Aber wem könnte ich von ihm erzählen? Hat die Großmutter vielleicht seinetwegen Angst, von ihm zu reden, oder ihretwegen? Und warum?
»Paß doch auf!«
Wieder hat sie sich beim Suchen in einem der Fäden verfangen.

Ob ich hier bei den Großeltern bin, um sie über das Fortgehen ihres Sohnes zu trösten?
Sie vermutet, daß sie Großmama mit sich beschäftigen soll, mit dem großen Einmaleins, das sie sich nicht merkt, den Divisionen: »Du wirst rechnen können müssen«, den Vokabeln: »Du wirst Englisch brauchen«, den täglichen Turnübungen, die sie alleine nicht macht, mit all dem, auch mit den hundert Bürstenstrichen täglich oder zweimal täglich: »Davon bekommst du schöne glänzende Haare«, ihre Großmutter von traurigen Gedanken ablenken soll.
Und wenn sie Fieber hat, Anna ist zu oft krank, streicht Großmama ihr dick Fett auf die Brust, wickelt sie erst in ein kaltes nasses Leintuch, dann in Wolldecken, die Steppdecke bis über die Nase, eine steife Rolle, liegt Anna und schwitzt.

An allen Wänden hängen noch seine Bilder, und das Muster, die Farben des Vorhangs in Annas Zimmer, das vorher sein Zimmer war, und dort, die Farben von Frau Dietrichs Kopftuch: Das ist von ihm geblieben.

»Hast du meine Nadel gefunden?« fragt Großmama, und sie merkt, daß das Kind sich fortgeschlichen hat: »Anna, Anna, deine Aufgaben!«

Sie drückt sich an die hintere Bretterwand des Gartenhäuschens, drückt sich dicht die Mauer entlang. Rauch über, hinter der Gartenmauer: ein Kartoffelfeuer, vielleicht. Auch von dem, was draußen vorgeht, wird nicht geredet, Kriegsberichte sind nichts für Kinder. Anna läuft der Mauer nach, dann schnell über einen offenen Streifen Gras hinüber in die Stauden, läuft gebückt zickzack auf den engen Wegen zwischen den Blumenbeeten zu ihrem Großvater.
Der reicht dem Kind Setzlinge, in ein Stück feuchte Zeitung gewickelt, es kauert sich neben ihn, setzt, genauso wie er es tut, eine der kleinen weichen Pflanzen neben die andere, eine Pflanze mit einer Handbreit Zwischenraum neben die nächste. Von Zeit zu Zeit rücken sie weiter, stehn auf und machen einen Schritt voneinander fort und pflanzen weiter. Und von Zeit zu Zeit stehn sie auf, um das schmerzende Kreuz, den Rücken zu strecken, der Großvater macht Anna vor, wie man tief, richtig tief atmet, wie man zur Entspannung die Arme und die vom langen Hocken verkrampften Beine ausschüttelt.
»Kommt, kommt, wir gehn jetzt nach Haus!«
So wie er geht sie blitzschnell in die Knie, sobald sie Großmama rufen hört, immer wieder: »Kommt doch!«
In den hohen Stauden kann niemand die beiden sehn.
»Zeit zum Essen!« hört sie weit entfernt schon, konzentriert sich, wie Großpapa, auf die kleinen empfindlichen Pflanzen, Großmama weiß ja, daß ich bei ihm in Sicherheit bin, warum ängstigt sie sich nur immerzu, sie weiß doch, daß ich nie hungrig bin. Und der Garten ist so groß, ich hoffe, sie weiß nicht, daß wir sie hören.

Der Großvater schneidet die blütenlosen Stengel vom Phlox, er zeigt Anna, wie: Mit einem scharfen Messer macht er einen kurzen, leicht schrägen Schnitt, eine Handbreit, das ist die Breite nicht ihrer, sondern seiner Hand, unter der Spitze. Mit dem Büschel gehen sie hinüber zum Glashaus, ein paar Stufen hinunter in den von Rosenranken überwachsenen feuchtwarmen Raum. Dessen untere Hälfte steckt im Boden, der Mittelgang ist aus der Erde gegraben, seine Wände werden mit Ziegeln verfestigt. Großpapa schleift sein Messer mit Schmirgelleinen.

Das Messer hat einen Griff aus Hirschhorn, das vom vielen Anfassen flach und glänzend geworden ist, und zwei Klingen; die große, starke braucht er im Garten, die kleinere zum Bleistiftspitzen.

Nachdem von jedem der kurzen Stengel die Blätter, bis auf vier oder sechs an der Spitze, vorsichtig entfernt sind, werden sie in ein schön vorbereitetes Beet, »zwei Drittel Sand, ein Drittel Erde«, gesteckt, einer neben den andern. »Schön dicht beieinander, regen sie sich gegenseitig an, Wurzeln zu bilden. Einzelne Stecklinge wachsen langsamer an, du mußt aufpassen, daß sie nicht verfaulen.«

»Wo werden wir die bewurzelten Pflanzen aussetzen?«

Im Garten wächst Phlox in allen Schattierungen von Rot, Lila, Rosa bis Weiß und Weiß mit rotem Herz und umgekehrt. Nicht nur der Phlox. Was immer in unserem Klima gedeiht, was alles einer ein Leben lang an Pflanzen sammeln und kreuzen und züchten kann, das blüht in diesem Garten, es blüht von Feber bis spät in den November. Ich seh kein Stück Erde mehr frei, und doch pikieren sie, pflanzen sie Tag für Tag weiter. Im Glashaus kommen neben den Phlox die Rosenstecklinge. Die gelbe Maréchal Niel.

»Kannst du mir sagen, wie man das schreibt? Das soll ein Mann, ein Krieger sein? Wie kann denn etwas, das so süß riecht, etwas, das so vollkommen ist, so heißen?«

Der Krieg ist hinter der Gartenmauer, im Glashaus ist Marschall ein weiblicher Name, eine Teerose. Die meisten Pflanzen haben schönere Namen, auch wenn sie unscheinbarer sind als die Maréchal Niel: Thymian und die Jungfrau im

Grünen, Holunder, Helleborus, Trollius ledeburus, Aquilegia, Cosmea oder, drüben vor der Mauer, alles überwuchernd, Topinambur. Die Knollen schmecken gut und süß. Die Großmutter kocht sie nicht so gern, wie wir sie essen.
»Denn nachher «
Sie hat leider recht, wir *puuzen*. Was das heißt?
»Es stinkt zum Himmel.«
»Wenns nur das ist. Es gibt anderes, Schlimmeres, das jetzt zum Himmel stinkt.«
Sagt das einer? Nein. Wer könnte sowas laut sagen. Mein Onkel ist doch fort. Er ist ein Maler , und Maler leben in Paris.
»Hoffentlich ist er jetzt nicht mehr in Paris«, hört sie Großmama leise sagen.
Wie vorsichtig die Erwachsenen geworden sind, sie reden, wenn möglich, französisch.

»Paris est occupé.«

Leinwände

Auf die Leinwände in meinem, seinem Zimmer hat er Vorstadtstraßen gemalt, auf einer hohen fensterlosen Mauer steht, Weiß auf Rosa, groß PICON.
Französisch möchte sie schon gerne verstehn, wenn's sein muß, es sogar lernen, aber Mademoiselle Nicolet, die Anna und ihrer Schwester Stunden gibt, spielt lieber Karten. Die Kinder hassen dieses Blumenquartett:
»La rose, la tulipe, l'églantine, la pervenche, la dahlia«
»Mais non! *le* dahlia!«
»Wozu Namen französisch lernen, die ich längst lateinisch weiß?«
Das alte Fräulein, das am Kirchplatz wohnt, dort wo der Seiltänzer das eine Ende des Drahtseils befestigt, trinkt beim Spielen saure Milch. Ein großes Glas nach dem andern, dicke

saure Milch, davon bleibt immer ein bißchen im Flaum über ihrer Lippe.

Nach dem Krieg
»Der Krieg wird nur ein paar Monate dauern«, hat Annas Vater gesagt, das ist jetzt auch schon mehr als ein paar Monate her.
Nach dem Krieg, wenn ich groß bin, geh ich nach Paris.

Ihr Onkel hat sie, als Anna ganz klein war, auf seinen Fuß gesetzt und ist so mit Riesenschritten quer durchs Zimmer gegangen, sooft sie wollte. Sein Zimmer ist jetzt ihres. Und wenn sie, statt zu lernen, stundenlang zum Fenster hinausschaut, ohne zu merken, was um sie herum geschieht, wenn Anna sie ansieht, aber nicht genau hört, was Großmama ihr sagt, sagt die: »wie der Gregor«, und streicht ihr über die Haare.

Nur hat der Onkel in Paris wahrscheinlich keinen Garten. Kann man ohne Garten leben? Statt zu pflanzen, malt er Bilder. Im Zimmer ist ein großes Gestell voller Bilder. An einer Wand hängen weiße und rosa Blumen.
»Was ist das?« fragt der Besuch: »Was sollen diese Flecken?« fragen die Großen, wo doch ein Kind sieht, daß das Pfingstrosen sind. Er hat sicher lange dran gemalt, ein paar Blütenblätter sind auf die Tischplatte gefallen.

»Ich werde, wenn ich groß bin, Malerin sein. Sowas kann man nicht werden, nur sein.«
Von Geburt an hat Anna mit diesen Bildern gelebt. Und mit Pflanzen. Mit Menschen und Blumen und Bildern. Und die Bilder haben sie reicher gemacht: Sie haben alles verdoppelt. Ja, es gibt Bilder von ihrer Mutter, von den Großeltern, von Tanten und von Onkeln, Bilder von Blumen und Bilder von unsern Tellern und Zitronen in einer Schüssel und von den Häusern und Straßen und von den Bergen, auf denen ich min-

destens einmal gewesen bin, und auch von solchen Bergen, Straßen und Häusern und Leuten, die ich nur von diesen Bildern kenne. Ich weiß, was das ist, Malen. Und wenn's mir nicht gelingt, genau zu sagen, was das ist, muß einer ein Jahr lang mit Großmama leben, zusammen mit dem Bild von ihr. Vielleicht genügt es sogar, neben Onkel Gregors Bild von den Pfingstrosen einen Pfingstrosenstrauß anzuschauen, wie die Knospen sich ganz langsam öffnen, so lange zu schauen, bis er verblüht.

Natürlich tut ihre Lehrerin sowas nicht. Sie sollen ein weißes Blatt in vier gleiche Felder teilen, rundum ein Rand, halb so breit wie das Lineal:
»Jetzt nehmt ihr Rot auf den Pinsel, macht mit Wasser im Farbkastendeckel die Farbe an und malt das obere Feld links schön gleichmäßig rot aus. Jetzt nehmt ihr Blau, genügend Wasser, malt das rechte Feld oben ordentlich fleckenlos blau. Jetzt das Gelb für das untere Feld links, Gelb geht ganz leicht, und Grün unten rechts.«
»Eine Sechs hat sie mir für meine erste Malaufgabe gegeben, die schlechteste Note. Und meint, so lernt man malen! Auswendig könnt ich ihr einen Klatschmohn malen, sogar eine Akelei oder eine Lupine. Nur kann sie wahrscheinlich eine Akelei gar nicht von einer Lupine unterscheiden.«

Kurz bevor sie aufhörte, ein Kind zu sein, hat Anna sich geschworen, das, was sie jetzt fühlte und dachte, wie ein Kind fühlt und denkt, nie zu vergessen, so wie Erwachsene eben normalerweise vergessen, nein, sie wollte diesem Kind, sich treu bleiben.
Du sollst nicht schwören, nicht versprechen, was du nicht halten kannst. Oder doch? Wenn du erst einmal weißt, was draußen vorging, was außerhalb der Gartenmauern und Hekken hier und dort und an weiß Gott wieviel Orten zugleich

immer noch weiter geschieht? Erinnert sie wirklich noch, wie sie war, bevor sie das, was sie nur geahnt hatte, in seinem ganzen grausamen Ausmaß wußte?

Dreißig Jahre, neun Monate und acht Tage

Ich habe alles genau vor mir gesehn, nicht nur in den schlaflosen Nächten: den gußeisernen Tisch im Garten, die Großmutter und Tante Berta, ganz lebendig, Fräulein Bielohradsky und die alte, von jahrelanger Gartenarbeit bucklige Frau Dietrich, Mademoiselle Nicolet, einen Seiltänzer vor ihrem Fenster, Onkel Gregor und den Großvater, mitten in seinen blühenden Stauden.

Dann bin ich hingefahren, die erste Reise ist auch schon wieder ein paar Jahre her, und jetzt streiten sich meine alten Erinnerungen mit den neuen.
Und diese Erinnerungen stimmen kaum mehr überein mit denen einer zweiten Reise.

Dreißig Jahre, neun Monate und acht Tage nachdem ich das Land verlassen hatte, trug ich meine Personalien im einzigen Hotel meiner Geburtsstadt ein.
Einen Tag lang versuchte ich vergebens, in den Garten meines Großvaters hineinzukommen, ja nur hineinschauen zu dürfen. Doch alle Türen und auch das große Tor waren verschlossen, an die Mauer kam ich nur an einer Stelle heran, sie war zu hoch und zuoberst mit Glasscherben versehen. Das große alte Haus neben dem Tor und Herrn Hauks Pferdestall war abgebrannt. Die Stadt, Straßen und Plätze hatten sich sonst wenig verändert, nur schien mir alles, was ich wiedererkannte, um hundert Jahre gealtert.
Ich kannte keinen Menschen, die Bewohner waren vor langem ausgewechselt worden.

Das Schloß über der Stadt ist jetzt Museum.
»Bilder? Ölbilder? Die hab ich alle verbrannt«, lachte stolz der Museumsdirektor: »Nach dem Krieg, da war ich noch Hausmeister hier, hab ich ganze Berge von Büchern und Bildern verbrannt. Hier in diesem Ofen.«
Nur die billigen Öldrucke preußischer Feldherren hat er respektiert, die überleben.
Von den Schloßfenstern aus konnte ich sehen, daß von all dem, was ich in mir aufbewahrt hatte, hier nur ein riesiger Grundriß übriggeblieben war, ein paar verwahrloste Bäume, darunter, zwischen Lastwagen und Kisten, Gras.

Der Hirschhorngriff

von Großvaters Messer liegt gut in der Hand, die Klingen sind scharf, die eine, die ich, so wie er, zum Bleistiftspitzen benütze, ist vom vielen Schleifen ganz kurz und schmal.

Heute ist ein Brief von einem tschechischen Kunsthistoriker gekommen. Für eine Monographie wünscht er Fotos von den Bildern der letzten Jahre und die biographischen Daten meines Onkels, den er unter »německo-česká výtvarná avantgarda« klassiert: »Meine ganze Energie möchte ich seinem Werk widmen.«
Wie viele Jahre nach K.G.s Tod?
»Mais non, ni tchèque, ni allemand«, meine Pariser Tante besteht darauf: »Il était français.«

Meine Fingernägel sind wie die meines Großvaters längs gerillt. Schon wieder unter Ring- und Zeigefingern diese dicken Schwielen.
Die Iris am Haus, aus Südfrankreich hierhergebracht, steht jetzt schon viel zu dicht und wird von Jahr zu Jahr mehr und ist doch noch voller Blüten.
Wohin könnte ich sie nach der Blüte verpflanzen? Und die Rosenbüsche sind mir über den Kopf gewachsen.

II.

Helden

Gregor war der Held ihrer Kindheit. So als brauchte ein Kind einen Helden, unbedingt seinen eigenen, einen von anderen, unbekannten oder nur vom Hörensagen bekannten, ganz verschiedenen Helden, einen ganz und gar anderen als diese fremden, mit ihren Greueltaten unzumutbar heldenhaften Vorbilder. Zumindest ein Anna ähnliches Kind wollte seinen eigenen Helden und keinen dieser marktschreierisch menschenopfernden und selbstmörderischen, keinen dieser ihr tatsächlich unbegreiflich gehorsamen Männer.

Heute die Vorstellung, hier auf dem Berg, im kleinen Wohnwagen, den ich mein Büro nenne, daß Zeitungen und Literatur der Kriegsjahre auf Disketten konserviert erhältlich wären, und ich könnte auf Knopfdruck *SEARCH: string to search for HELD*, die damals gültige Definition, die gängigen Vorstellungen von vorbildlichen Helden abrufen. Nur um meine etwas pauschal, undifferenziert tönenden Behauptungen: *marktschreierisch, Greueltaten, menschenopfernd* oder *selbstmörderisch* zu belegen.
Wie könnte man, oder wie könnte ich, wenn ich das wirklich vorhätte, Männer, die von Andersdenkenden, von anders als ich Denkenden, als heldenhaft beschrieben werden, gut kenntlich beschreiben?
Doch Vorsicht, ›die Zeit vergeht nur zum Schein, die Zeit ist stehengeblieben in uns‹, allein der Gedanke, bestimmten Wörtern wiederzubegegnen und damit erinnert zu werden an das, was sie eingeleitet, was sie ausgelöst haben, das meine Kinderzeit oft verdunkelt, verdorben und zeitweilig zerstört hat, diese alten Leitsätze erneut lesen zu müssen, verursacht Unbehagen, fast körperliche Übelkeit. Dokumentiertes Übel,

und nochmals Druck in meiner Kehle, im Magen, das werd ich mir ersparen.
Gleich wieder löschen: *DELETE*. Druck: *ESCAPE*.

ESCAPED

Ich schaue, so wie fast alle Tage, vom Arbeitsplatz aus auf eine kleine friedliche Waldwiese. Von meiner rechten Seite her gegen den Waldrand leicht abfallend, an der oberen, sonnigen Seite begrenzt von niedrigen überwachsenen Mauern, dahinter, hinter Schlehdorn- und Weißdorngebüsch, Flieder und Kletterrosen versteckt, schiefe Hütten, alte Holzschuppen und Wohnwagen in terrassierten, liebevoll bepflanzten Gärtchen.
Ja, eigentlich sitze ich fast mitten in der Waldlichtung mit Zelt und Wagen, meine Parzelle ist nur von einer Reihe bemooster Steine vom größeren Teil der Wiese getrennt. Die mündet am andern Ende breit in einen Weg, der tunnelartig in den Wald führt, dort leicht abfällt und im Dunkeln verschwindet.
Die Wagen und Hütten sind nur selten bewohnt, hie und da am Wochenende kommen Leute vorbei, führen ihre Hunde spazieren, nicken von weitem einen Gruß, und wenn man Lust hat, ergibt sich ein kurzes Gespräch. Glücklich überstandene Krankheiten, eine Lungenoperation. Aber meist betritt stundenlang, tagelang kein Mensch diese Wiese.
Statt zu arbeiten, wie ich mir vorgenommen hatte, warum ich ja auch tagein tagaus seit Monaten an diesen vierhundert Meter höher als mein Wohnort gelegenen Arbeitsort, den sogenannten oder sogewünschten Arbeitsplatz heraufkomme, um etwas Bestimmtes, seit Jahren im Kopf herumgedreht und mehrmals ansatzweise notiert, endgültig aufzuschreiben, statt also das, was man im allgemeinen Arbeit nennt, was mich in glücklichen Momenten kaum an Arbeit erinnert, zu tun, genieß ich jetzt die Sonne im Liegestuhl.

Einige vorzeitig an ihren Enden entlaubte Äste wiegen leise rhythmisch über dem Kopf, rot leuchten Mehlbeeren im tiefblauen Himmel. Zwischen dem noch sommerlich dichten Buchen- und Eichenlaub erscheinen nur kleine Partikel des Sees und der Insel, Rousseaus Insel, tief unten. Unzählige Vögel rundum, Gezwitscher, die verschiedensten Melodien, die ich unterscheiden, aber nicht immer zuordnen kann. Das könnte man lernen. Unter einem der großen Steine ein Nest silbriger Blindschleichen.
»Womöglich kommt jetzt noch ein Reh?«
Beim Lesen seh ich aus dem Augenwinkel, daß sich drüben etwas bewegt, ist das ein Setter, nein, ein Reh läuft über die Lichtung.
»Sagt man beim Wild nicht *wechseln*?«
Es verharrt,
»nein, *verhofft*«,
ganz nah, äugt, fixiert mich, schüttelt seine Ohren,
»seine *Lauscher*«,
wechselt gemächlich hinüber in den Wald und erscheint nach kurzem wieder.
Im oberen, sonnigeren Abhang wuchsen Knabenkräuter im Frühling, später flächenweise stark duftender Thymian. Am unteren Rand war es im Feber und März blau von Leberblümchen, im Schatten der weit überhängenden Bäume ist der Boden dicht vermoost, und nach Regenfällen erscheinen jetzt Hallimasch, Reizker und andre Pilze, die ich noch nicht kenne.

Der Frieden des Orts wirkt ansteckend. Sogar die ständig korrigierende oder ermahnende Stimme ist verstummt. Gelöscht sind die grausamsten Bilder. Verstohlen zieh ich Parallelen, träume von friedlicheren Zeiten, und nicht nur für mich, hoffe, daß dieser glückliche Zustand sich ausbreiten und andauern könnte.

Karate

Abends beginnen die Farben zu leuchten, die Luft ist glasig, voll lautem Zwitschern. ›Das Auge sieht sich nimmer satt, und das Ohr hört sich nimmer satt.‹ Ich hab mein Zeug zusammengeräumt, den Liegestuhl im Wagen versorgt, da kommen federnden Schrittes zwei weißgekleidete Tibeter auf die Wiese und fangen mit exotischen Körperübungen an. Eigenartige Stellungen, eckige Bewegungen.
Der jüngere scheint den älteren etwas zu lehren, er greift ihm an die Waden, drückt ihm die Hüfte schräg, verändert die Winkel seiner Ober- und Unterarme.
Ich setze mich wieder hin und schaue staunend, wie die Männer im schönsten Abendlicht zu kämpfen beginnen, gebückt, gespannt, Aug in Auge aufeinander zugehn, gegeneinander losgehn, wie ihre Bewegungen schneller und schärfer werden, wie sie sich anspringen.

Karate, erzählte mein Bruder vor langem, habe ihm geholfen, das Gefühl, klein und hilflos zu sein, zu überwinden, seine eigene Kraft kennenzulernen und die Erfahrung, daß man auch gut imstande ist, Schläge einzustecken.
Dem noch kleinen Jungen, der sich zu kämpfen weigerte, hatte ein Nachbar, bevor er sich's versah, die Nase eingeschlagen.
Jahre später traf er in einer Bar einen Vietnamveteranen, der mitten im Gespräch, auf einen harmlosen Widerspruch hin, seinem Gesprächspartner blitzschnell an die Kehle ging und ihn ohne das energische Eingreifen der Umstehenden glatt ermordet hätte. ›Was ist's, das man getan hat? Eben das man hernach wieder tun wird.‹

»Ein Vietnamveteran?« wundert sich mein tibetischer Nachbar.

»Ja, es hat meinen Bruder mit dem Großteil der Familie nach Amerika verschlagen.«

In der Buvette, dem Café des Campingplatzes, such ich den Schatten eines der Sonnenschirme mit ihrer Eisreklame, setze mich neben den Tisch mit zwei strickenden Frauen und beobachte die schnellen Bewegungen ihrer Hände, Finger, Nadeln, die sich so eilig kreuzen, Fäden verschränken, daß das Abstricken der einzelnen Maschen, der Ablauf der Arbeit nicht mehr auszumachen ist, stundenlange Fingerübungen, unermüdlich einstechen, Faden umschlagen, einholen, Masche von der Nadel lassen, Masche um Masche, wie sie wahrscheinlich tagelang, unermüdlich Monate, Jahre verstricken. Gegenüber sitzt, den Rücken an die von der Sommersonne erhitzte Holzwand gelehnt, ein magerer Mann, nicht alt, nicht mehr jung. Nicht alt genug für einen Pensionisten. Er reibt das volle Bierglas zwischen seinen Händen: »Kalt, viel zu kalt«, und klagt auch über die letzte Nacht, er konnte vor Kälte nicht schlafen: »Ich brauch mindestens neunzehn Grad.«
»Sehr ungesund, neunzehn Grad, das ist nicht gut«, meint der Campingwart, der meinen Kaffee bringt.
»Nicht für mich«, sagt der Magere.
Sein schütterer Spitzbart reicht kaum hoch genug, um die Höhlen unter den Backenknochen zu verdecken. Beängstigend glänzen die großen, tiefliegenden Augen. Hosenbeine und Hemd fallen, als hingen sie über Stecken.
»Noch nie bin ich einem so ausgemergelten Menschen begegnet«, flüstert eine der Strickerinnen,
»der zudem den Eindruck eines Verurteilten macht«, stellt ihre Nachbarin mit Schrecken fest, während er mir unbeirrbar ausführlich von seinem Garten, seinem Mobilhome erzählt: »zuoberst, beim Rosenbogen«

»Was soll das? Du kannst den Kranken streichen. Du hast dich verrannt, es ist Herbst, und du siehst Leberblümchen, seelenruhig schreibst du vom Sommer, redest von vorzeitig entlaubten Mehlbeerbäumen, während die Stürme gelborange Blätter von den Bäumen reißen, tagtäglich, es ist längst Oktober, und du bist weg, weit weg vom Thema. Wo ist unser Held?
Und weit und breit kein Widerstand!«

Der Onkel

»Nein, laß bitte den Onkel weg!« sagte Gregor, mein Held.

Wie läßt sich ein bestimmtes, ein längst festgelegtes Vorhaben auf Papier bringen? Ohne weitere Abschweifungen. Wie ließe sich unser Vorbild ohne allzu große Verfälschung aus meinen Gedanken, den Vorstellungen, auch was das Schreiben oder Beschreiben betrifft, raus aus dem Kopf und zum Wort bringen?
Die Äste wiegen leise rhythmisch über mir, daran in regelmäßigen Abständen die Kapseln der Bucheckern, kleine dreikantige Mandalas, einzelne springen sternförmig auf, katapultieren ihre Samen aufs Zeltdach und auf den vermoosten Boden; immer noch leuchten ein paar Mehlbeeren im tiefblauen Himmel.
Gregor, ach Gregor!
Übermorgen wird Anna nach Paris fahren und wird ihn wieder suchen, in den hinterlassenen Bildern oder, wenn möglich, wie schon einmal, auf dem ›Père Lachaise‹.
Sinnlos.
Denn er, dessen Gesichtszüge immer blasser und sich bald einmal ganz verflüchtigen werden, erscheint doch eher plötzlich, selten, er überrascht Anna an Orten, wo sie ihn am wenigsten vermutete. Ein etwas umständlicher Vierzigjähriger,

unlängst im Zug, der seine runden Brillengläser putzte und dabei wie blind vor sich hinsah, von neuem die kleinen runden Gläser an seiner Hemdbrust polierte und, gedankenverloren, auch mit Brille weder Anna, sein Gegenüber, noch die vorbeiziehende Landschaft wahrnahm.

Nach längerem Zögern nähere ich mich erneut der Maschine. Schließe den Transformer zuerst an den Strom und verbinde ihn dann mit dem ›Notebook‹. Hoffe, daß es so richtig, der Vorschrift entsprechend ist, oder sollte es umgekehrt sein? Das frag ich mich täglich, zumindest an den Tagen, an denen ich schreibe, oder maschinenschreibe.

»Also leider doch nicht täglich. Und ja, natürlich umgekehrt. Du mußt die Gebrauchsanweisung nachlesen. Und sitz gerade, wie krumm du dasitzt, bitte sitz grad!«

Wieder diese Stimme. Nur finde ich die Gebrauchsanweisung nicht, so wenig wie alle anderen, sorgfältig beiseite gelegten Anweisungen. Sollte irgendwo auf meinem Schreibtisch sein oder auf dem Nachtkastel, ich hab doch mal zum Einschlafen drin gelesen, oder vielleicht auf dem Eßtisch in einem Stapel Post.

»Meine Brille, wo ist meine Brille, kannst du mir bitte meine Brille suchen, sie kann ja nirgends als hier irgendwo auf oder unter dem Tisch liegen!«

»Da ist sie, hier, auf deiner Nase!«

Beim Suchen findet sich anderes, was ich früher schon mehrmals gesucht und nicht gefunden, also zu erledigen versäumt habe und wollte doch

aber jetzt ist's zu spät. Ich laß das Suchen lieber sein.

»Du solltest deinen Vortrag über Widerstand, Widerstände, längst beieinander haben.«

Ja, altbekannt, das stimmt, die Stimme tönt ängstlich besorgt mahnend: Die Aufgaben, zusätzlich, sicherheitshalber zu den Schulaufgaben, seitenlang Divisionen: »Du wirst rech-

nen können müssen!« Englischvokabeln: »Du wirst Englisch brauchen!«
Nur den Titel brauch ich einstweilen, eventuell ein kurzes Stück Text, beschwichtige ich, beruhige mich. Übrigens, das tönt wie Großmama: »Kannst du mir nicht die Stricknadel suchen, da, dorthin muß sie gefallen sein, sie kann ja nirgends als unter dem Tisch liegen. Kriech unter den Tisch.«

»Und du erinnerst mich an den Großvater, glücklich in seinem Garten konnte er alle praktischen Aufgaben, alle Verpflichtungen vergessen.«
Ja, ich hör ihn:

›Seltsam ist und schier zum Lachen,
daß es diesen Text nicht gibt,
wenn es keinem Blick beliebt,
ihn durch sich zu Text zu machen.‹

»Tatsächlich hat aber jemand telefoniert«, sagt meine *bessere Hälfte*, als ich von der Arbeit komme: »Du solltest möglichst bald zurückrufen.«
»Es ist doch noch eine Woche Zeit.«
»Du kommst von der Arbeit, sagst du, behauptest du.«
Diese leise quälende Stimme im Ohr: »Und was hast du gemacht?«
»Shut up!«

Ein Wunderkind

Was ein Wunderkind oder jemand, der als Wunderkind angesehen wird, alles erfüllen sollte. Mit zehn, spätestens zwölf Jahren habe Gregor die umfangreiche Bibliothek des Vaters durchgelesen, seine Schulaufsätze in Hexametern geschrieben und Pferde, Menschen, Landschaften perfekt gezeichnet, also sozusagen alles gut kenntlich und sehr schön gemalt und

gezeichnet, auch die kompliziertesten Gegenstände, wie Maschinen.
Aber Maschinen- oder Betriebsingenieur, was für den Familienbetrieb in der Krise überaus nützlich gewesen wäre und von ihm erwartet, ungeduldig erhofft worden sei,
»in guter Absicht freilich, daß ich einen andern Weg gehen sollte«, hätte Gregor zitieren können: »Aber dazu taugte ich nicht«,
oder Wissenschaftler, wozu er auch bestens qualifiziert gewesen wäre, habe er nicht werden wollen, erzählte seine Mutter.
War ein klagender Ton in der Stimme ihrer Großmutter, diskret leise?
»Nein, wir ließen ihn tun, was immer er unbedingt tun wollte.«
Er studierte an der Dresdner Akademie, wo er Karl Liebknechts Sohn traf, der bald sein Freund wurde und lebenslang sein Freund blieb, ging dann als Maler nach Paris und heiratete Jacqueline, eine Französin. Zeitweilig, wenn er Geld brauchte, kam er zurück nach Mähren, um seinem Vater in der Weberei zu helfen. Als sich die politischen Verhältnisse zuspitzten, Henleins Parteigänger immer lauter nach dem *Anschluß* schrien, wurden Gregors eindringliche Warnungen vor dem Irrsinn, der da so fanatisch herbeigewünscht wurde, nicht mehr verlacht, sondern mit Haß quittiert: Du Verräter! Und als am Ende das Land, von nun an nur noch Sudetenland genannt, von England und Frankreich in München an Hitler verhandelt verkauft wurde, ging Gregor endgültig, flüchtete er nach Paris.

So, das wäre grosso modo berichtet. Jetzt fehlt nur noch Gregors Zeit in Frankreich, die Zeit in der tschechischen Legion, sein Untertauchen im unbesetzten Süden nach der Okkupation, nach der Demobilisation, als die deutschfreundliche Re-

gierung die Papiere aller Ausländer den Okkupanten aushändigte und er, dank seines deutschen Namens, als Landesverräter und Deserteur verfolgt wurde.
Und dann: Wie man ihm nach dem Kriegsende die Rückkehr nach Hause, nach Mähren, verwehrte: Auch für die Tschechen war er nun, obwohl er grade erst als Tschechoslowake gegen Deutsche sein Leben riskiert hatte, ein Deutscher.

Nur Fragmente seiner Geschichte kamen von Zeit zu Zeit, codiert von Schweizer Verwandten, über die Grenzen. Und wurden von den Großeltern und Eltern vor den Kindern, wie vor Fremden, ängstlich verschwiegen.
Wie wirksam Verschwiegenes werden kann.
»Tante Claire war in akuter Lebensgefahr, scheint jetzt aber wieder über dem Berg.«
Geflüster. Die magische Wirkung geflüsterter Wörter:
Paris – Marseille – Pau – Agde – die Pyrenäen.
Orte, die Sehnsucht wie auch Angst oder Erleichterung, Grauen oder Freude auslösten. Und deren Namen Anna bis heute von den alten Gefühlen nicht zu trennen vermag.

Auch die Kinder begannen zu flüstern, suchten heimlich Marseille und Agde im Schulatlas und setzten sich aus den wenigen aufgeschnappten Stückchen ihren Onkel, den Helden, den man ihnen vorenthielt, liebevoll wieder zusammen.

Sie sahen Gregor, der in Annas achtem Jahr ausgezogen war, erst ein Jahr nach dem Krieg, in trauriger Verfassung, anläßlich eines Schachturniers im Volkshaus Zürich wieder. Als vorzüglicher Spieler von der ›Féderation Française des Echecs‹ aufgeboten, hatte er sich zu diesem Turnier schicken lassen, um Nichten und Neffen, die mit einem Rotkreuztransport vor kurzem in die Schweiz gekommen waren, treffen zu können. Ob seine Eltern, Schwestern und Schwager die ČSR würden verlassen dürfen, war zu der Zeit noch unbestimmt. Schäbig gekleidet, mit kaputten Zähnen, auch etwas umständlich und nervös, sah er kaum aus wie ein Held.

Ihre leise Ahnung, wahrscheinlich schon damals nicht zum ersten Mal, daß es unfreiwillige Helden, oder genauer: daß es auch unfreiwilligen Widerstand gibt. Daß es Menschen gibt, die nicht so sehr aus heldenhafter Willensanstrengung Widerstand leisten, sondern die etwas, dessen Sinn sie nicht einsehen, gar nicht tun können, geschweige denn etwas, das sie als falsch, sogar als kriminell erkennen, die nicht imstande sind, unsinnige Befehle auszuführen, selbst wenn sie das zum eigenen Nutzen unbedingt sollten, und auch dann nicht gehorchen, wenn sie sich damit in größte Gefahr bringen.

Verrückt

Ein ›Verrückter‹ in der Kaserne.
»Um Himmels willen, paß auf, Verrücktsein ist jetzt lebensgefährlich!«
Einer, den man als verrückt ansah, habe sich als einziger normal, wie ein gesunder, vernünftiger Mensch benommen.

Die tschechische Exilregierung hatte Frankreich ein großes Kontingent Soldaten, tschechische Exilanten, versprochen, erzählte Gregor: Um dem Versprechen nachzukommen, wurden zunächst sämtliche Männer, auch zu alte, zu junge und kranke eingezogen.
So saß ein eigenartiger Mensch neben ihm und blieb auch beim Appell sitzen, weder der Auftritt von Unteroffizieren und Offizieren, noch Befehle, kein Kommandogeschrei konnten ihn beeindrucken.

Er war damit beschäftigt, eine Schuhsohle zu flicken: »Gut, hab ich gestern den alten Absatz gefunden, schau her, noch Leder, wer den verloren hat, der wird sich ärgern, gutes, dikkes Leder, du kannst es einfach halbieren, schau, so, ein schräger Schnitt.«

Während jeder im Raum beim Eintritt des Vorgesetzten, was er grade zu tun im Begriff war, fallenließ, aufsprang, stramm stand, Hacken zusammengeschlagen, *Hacken* sind Absätze: »Paß doch auf, ein schräger Schnitt, so schärfst du das Leder. Warum schaust du mir jetzt nicht zu, das wirst du bald mal selber machen müssen.«

Und als man ihn zur Ordnung rief: »Wird's bald?«

»Pomalu, pomalu.«

»Wird's bald! Das ist ein Befehl!«

»Laßt mich in Ruh«, sagt er: »Was soll das.«

Man schreit ihn an, packt und schüttelt ihn, er steht in Socken da, der ›Verrückte‹, seinen Schuh in der Hand, als müßte ein Loch in der Sohle jeden von der Notwendigkeit seiner Beschäftigung überzeugen, schaut verwundert den Offizier und die Soldaten in Achtungstellung an: »Seid ihr verrückt geworden?«

Warnung

Französische Touristen, Besitzer eines kleinen Wohnwagens, das gleiche Modell wie meiner, loben die Leichtigkeit des Reisens damit. Ja, so hatte auch ich mir das ursprünglich, beim Kauf des Wagens, vorgestellt.

»Städte?« Ich hab genug von meiner ländlichen Einsamkeit, ich möchte nach Graz? Eher noch nach Paris? Kein Problem.

»Im Bois de Boulogne gibt es einen sehr schönen Campingplatz, die Metrostation gleich daneben.«

Nun bin ich, dank Pflanzen, Tieren und erfreulicher Aussicht, allzu seßhaft geworden, doch wieder zum Vagabundieren verführt und geh, in Gedanken versunken, nur noch Reisen, die Pyrenäen, Paris oder Mähren im Kopf, zurück zu meinem idyllischen Platz.
»Das heißt, daß du oben in deiner Roulotte gar nicht arbeiten willst.« Die Stimme ist nicht mehr leise.
»Vielleicht nicht arbeiten kann«, wende ich kaum hörbar ein.

Gregors wiederholte Mahnungen, am eindrücklichsten im Brief, in dem er Anna seinen Tod ankündigte: »Werdet um Gottes willen nur ja keine Künstler!«
Als könnte eine Künstlerexistenz nur enttäuschen, nur elend sein, so als sei nicht nur sein eigenes Unglück die Folge vergeblicher oder scheinbar vergeblicher Bemühungen.

Du unterläßt, was du gut könntest, und läßt dich auf Sachen ein, die du nicht oder nicht gut kannst. Das Schwierige als interessantes Spiel, Sport, Nervenkitzel, als ernsthafte Herausforderung, das kann dir über den Kopf wachsen, du kannst daran auch zerbrechen.

Gregors Kunst. Begabt, das zeigen seine Bilder, sogar sehr begabt, ist es ihm in der letzten Zeit wahrscheinlich immer schwerer gefallen, seine Energien zusammenzuhalten, auf ein Ziel gerichtet zu bündeln. ›Erst das Auge schafft die Welt.‹
Was hat ihn gehemmt, welcher mörderische Widerstand?
»Und wir haben ihm doch erlaubt, Maler zu werden, wir haben ihm doch nichts in den Weg gestellt!«

ESCAPE. Das heißt, daß ich an meinem sogenannten Arbeitsplatz, in meinem sogenannten Büro alles mögliche, Bovisten, Hallimasch, Schirmlinge und Champignons im Sinn hab. Oder Moos, die unzähligen Varianten von Grün, daß ich meinen tagelang zusammengesammelten, zusammengestükkelten Moosteppich im Sinn hab. Nur keinen Text.
Das stimmt. Stimmt zum größten Teil. Doch ich denk an Paris, die Pyrenäen und Mähren; Mähren, Paris, Agde und auch die Pyrenäen, Sehnsucht, Angst, Erleichterung, Grauen und Freude gehören zu meinem Text.

III.

1976

Wider Erwarten in Prag. Anna war kurzentschlossen, trotz eines väterlichen Verbots, heimlich abgefahren. Nach dreißig Jahren, acht Monaten und dreiundzwanzig Tagen, nach dreißigjährigem Abzählen der Zeit steht sie beim Dunkelwerden wieder auf dem Hradschin und schaut, so wie am 1. Dezember 1945, auf die Stadt.
Ein erster euphorischer Abend: »Zu schön, um wahr zu sein!« Und darauf ein schwieriger Tag.
»Einen Tag lang, zwei, drei Tage bin ich fast nur gelaufen, wahnsinnig schnell gegangen, daß mein Mann, der mich begleitete, fast nicht folgen konnte, wahnsinnig schnell durch die Straßen, immer gegangen, gegangen, gegangen, ganz irr, endlich durch diese grauschwarze Stadt, die sie die *goldene* nannten, gehen zu können.«

Alles ist wie im Traum: Anna hört Tschechisch, kennt die Wörter, könnte voraussagen, welche Wendung ein Gespräch am Nebentisch nehmen wird, welchen Tonfall, sie kennt die Melodie
und versteht nichts. Nur die alltäglichsten Wörter, Co je to, pojd'sem, jeden tva tři čtyři pět, sie will etwas sagen, kann's aber nicht. Fühlt sich daheim in den Wirtschaften, kennt die Atmosphäre und ist gleichzeitig ganz fremd, die Verständigung ist schwieriger als sonstwo, fast so, als wäre sie in der Türkei. Und überall und zu allem kommen unzählige Assoziationen, gute und schlechte, von den schlechten mehr.
Die Messe in Sváty Jakub war beispielhaft für ihre Situation: Der herrliche, mit Akkorden erfüllte Raum ist ihr vertraut. Von klein auf hat sie Mozarts Musik, auch diese Messe im Ohr, aber evangelisch erzogen, weiß Anna nicht, wann sie

aufstehn, wann sie niederknien soll, und kennt nur die Titel der Sätze, Gloria, Agnus Dei, Dona nobis pacem, nicht den Wortlaut der Gebete, den die Katholiken mitbeten.
Die tschechische Predigt: Nach Jahrzehnten ist sie von neuem umgeben vom Tonfall einer ihr auf eigenartige Weise lieben Sprache. Die Sprache, die ihre Eltern abstoßend fanden, so daß sie den Kindern jede Annäherung, den kleinsten Akzent abzugewöhnen versuchten. Ablehnung, die Anna, auch wenn sie sie in ihr Gegenteil verkehrt, doch immer als erstes, als Forderung in sich spürt.
Sie gehört nicht dazu, sie ist fremd in dieser Religion, ist fremd in dieser Sprache, und die Sympathie zum Tschechischen bedeutet zudem Abwendung von der Familie.
›Der Vater konnte zum Beispiel auf die Tschechen schimpfen, dann auf die Deutschen, dann auf die Juden, und zwar nicht nur in Auswahl, sondern in jeder Hinsicht, und schließlich blieb niemand mehr übrig‹, schreibt Kafka über seinen Vater.
»Verschone mich mit deinem Kafka«, hört Anna ihren Vater, »dieser Kafka mit seinem böhmischen Deutsch!«
»Die Sympathie zum Tschechischen, dessen unverwechselbarer Melodie«,
»Melodie, nennst du das?« wendet die Mutter ein,
»die Sympathie zum Tschechischen bedeutet aber auch Hinwendung zum Feind, denn es macht hier niemand den Eindruck, dir freundlich gesinnt zu sein.«
Wer hat das eben gesagt, etwa sie selbst?
Es sind zu viele, viel zu starke Eindrücke, und sie ist sich über deren Bedeutung nicht so klar, daß sie darüber reden könnte, sie muß allein sein in dem Tumult von Gefühlen, einmal ohne ihren Mann, schweigen.
»Du solltest deinen Mann nicht mitnehmen auf die Reise nach Mähren«, sag ich ihr, Anna, »das kann doch nicht gutgehn.«
Lieber schweigen in diesem sie ›beherrschenden Gefühl der Nichtigkeit‹, alles, was sie sah, hörte und empfand, würde durch Erklärungen nur beeinträchtigt oder gar bedroht.

Fast den ganzen Tag (möglichst unmerklich) weinend herumgelaufen und herumgesessen, geschlagen von den Geburts- und Sterbedaten unter den Kinderzeichnungen aus Theresienstadt, Kinder ihres Jahrgangs oder dem eines ihrer Geschwister, und in der Messe und oben auf dem Pohořelec und dem Loretánské náměstí, in der Gastwirtschaft nachher, und nachts.
Sie steht an der Stelle, wo sie vor dreißig Jahren die Hauptstadt *ihres* Landes verlassen mußte. Anna kann heute nicht erwarten, hier angenommen zu sein. Oder doch?
»Man ist entweder zu Hause, oder man ist es nicht.«
Nein, sie ist hier, ihrem Gefühl nach, beides. Und für Prager ist Anna ohnehin fremd, auch wenn sie von Hohenstadt, wenn sie heute aus Zábřeh käme.

Ein Vormittag mit Kafkas ›Brief an den Vater‹: ›Der Mut, die Entschlossenheit, die Zuversicht, die Freude an dem und jenem hielten nicht bis zum Ende aus, wenn Du dagegen warst oder schon wenn Deine Gegnerschaft bloß angenommen werden konnte; und angenommen konnte sie wohl bei fast allem werden, was ich tat. Das bezog sich auf Gedanken so gut wie auf Menschen ...‹ Verschone mich! Das bezog sich auch auf sie, auf die ihr liebsten Menschen, wie Gregor und den Großvater.
»Verschone mich mit diesem Kafka!«
Dann nochmals in der Altstadt herumgegangen. Und neben ihr, hinter ihr geht Gregor, lehrt sie schauen, wie früher in Paris, führt er sie zu dem, was ihm lieb war, was ihr erst durch ihn wertvoll wurde. Führt sie zur Loreta, einer seiner Lieblingskirchen. Sie geht von Kirche zu Kirche; sie läuft heute in der Stadt herum, als wär's irgendeine schöne fremde Stadt. Nur eine Blasmusik mit ihren altbekannten Melodien und die meist alten Tänzer neben dem Markt auf der Rytířská waren ein kleiner Schock, als hätte sie sich in ihrer Kindheit, auf einem Betriebsfest, wiedergefunden.

Die Kellnerin ist von Zábřeh, die Empfangsdame, die ihr die Züge nach Zábřeh heraussucht, aus einem Dorf bei Blauda. Sie sagt beim Durchsehn von Annas Visum zu ihrem Kollegen, auf tschechisch:
»Die ist in Šternberk geboren.«
Und beim Frühstück, als Anna die Kellnerin fragt, ob sie aus Prag sei:
»Ja, und Sie?«
»Aus Zábřeh«, antwortet Anna.
»Ach, aus Hohenstadt!« Ob Anna den Ort gut kenne, ob sie Dolní Hynčina kenne? Von dort sei ihr, der Kellnerin, Vater, ihre Mutter Hohenstädterin, sie habe die ersten Jahre dort, in Hohenstadt, dann in Mährisch Schönberg gelebt und sei mit sieben Jahren nach Prag gekommen. Wenn Anna fünfzehn Jahre in Zábřeh gewohnt habe, müßte sie den Ort und die Umgebung doch gut kennen. Sie fragt *mich* also um Auskunft, wundert sich Anna, denn die Kellnerin möchte Dolní Hynčina besuchen, findet es aber nicht auf der Karte. Anna nimmt einen Zettel mit dem Ortsnamen und dem Namen der Frau mit.

Dann die Reise nach Mähren

Wie sie im Abteil sitzen und plaudern, in gebrochenem Deutsch: Die alte Frau neben Anna habe ihre Tochter in Prag besucht, fahre jetzt zurück nach Olomouc, die Tochter arbeite im Warenhaus, sie selber sei Schneiderin und könnte gut
ja, natürlich, das könnte Großmutters Olmützer Schneiderin von dazumal sein. Soll Anna sie fragen? Einmal wußte sie deren Namen.
Der Junge gegenüber, Elektriker in Prag, habe genug, mehr als genug von den Wohntürmen und fahre über die Ferien heim in sein Dorf bei Přerov.

»Und Sie?«
Da schiebt sich ein untersetzter Typ mit einem riesigen Koffer energisch durch die Tür, wirft einen Blick in die Runde, sie verstummen, nein, mit dem werde ich kein einziges Wort wechseln, denkt Anna, während die Mitreisenden Zeitungen vor ihre Gesichter halten, um dann tatsächlich während der stundenlangen Reise zu schweigen. Wie vorsichtig die Menschen geworden sind. Er stemmt seinen Koffer auf den Gepäckträger, fordert den Prerauer auf, mit seinem Gepäck abzufahren, es auf der andern Seite aufeinanderzutürmen, und füllt die Hälfte des verfügbaren Raums mit eigenen Koffern und Schachteln.
Dann setzt er sich breit in ihre Mitte, gesprächsbereit. Er komme vom Schwarzen Meer. Schweigen. Aus den Ferien komme er. Schweigen. Jeder im Abteil hat ihn erkannt. Auf den ersten Blick. So einer hat
Schweig still! Davon wird nicht gesprochen, davon soll nie mehr die Rede sein.
»Bis Olomouc«, sagt der Schaffner und händigt der Frau neben Anna ihre Fahrkarte aus, fragt, indem er Annas Billett kontrolliert, auf tschechisch etwas, was sie nicht versteht. Er versteht wiederum Annas französische und auch die deutsch wiederholte Frage nicht und gibt ihr schulterzuckend die Karte zurück:
»Bis Zábřeh.«
»Wissen Sie, auf welcher Seite der Bahnhof von Zábřeh liegt«, fragt der Typ, deutsch, so als verhöre er Anna, »links oder rechts vom Gleis?«
»Links«, antwortet sie und lacht. Der weiß doch genau, warum ich das weiß. Das ist kein Ort für Touristen.
Übrigens kenne er die Schweiz. Tatsächlich, nach all den Orten, die er nennt, scheint er die Schweiz, in die doch heute ein Tscheche kaum reisen kann, nur zu gut zu kennen. Nein, er habe dort keine Verwandten.
Sie habe gehofft, es werde hier im sozialistischen Land keine erste Klasse mehr geben, sagt sie ihm.

Die gebe es nur noch für Ausländer, nur ein paar Waggons, antwortet er.
»So? Wir fahren in der zweiten.«
Und um überhaupt hierher reisen zu dürfen, habe sie dem Staat im voraus zahlen müssen, mehr als sie je in einem westlichen Land in den Ferien ausgegeben habe.
Jetzt lacht er.

Neben dem Gleis ein Trupp Gänse, »bíly bíly bíly bíly!« ist sie versucht, wie als Kind, die weißen Gänse herbeizurufen.
Lupinen neben den Schienen.
Endlich Tatenice, dann Hochstein vor dem Zugfenster: das ist also wirklich, war keine Einbildung, dieser Hügel mit dem Gedenkstein an eine Schlacht. (Welche Schlacht war das? Die diversen napoleonischen Schlachtordnungen, vom Lehrer auf die Tafel skizziert, während täglich, jede und jeden beunruhigend, Schüler wie Lehrer ängstigend, in anderen Ordnungen russische Truppen lebensgefährlich näherrückten.) Hinter dem Hügel Wälder, in die sie mit dem Pferdefuhrwerk um Holz gefahren sind, der Bauer Musil und Anna, kaum war der Krieg vorüber und somit, ihrer deutschen Muttersprache wegen, auch ihre Schulzeit zu Ende.
Wieder Lupinen neben dem Gleis.
Mit Schlachten und Latein, mit ihrem bißchen Schulwissen, hat sie der Tochter des Bauern nachhelfen können.

Zábřeh

»Das war mal Hohenstadt.«
Der Bahnhof und der Schillerpark, das Hotel ›Merkur‹ und die ›Eiche‹: alles ist gleich geblieben und zugleich alt, uralt geworden. Anna kannte hier, außer Musils, kaum einen Menschen, die deutschsprachigen Einwohner waren vor langem

mit Slowaken, Roma und griechischen Kommunisten ausgewechselt worden.
Die meisten seien nach kurzer Zeit wieder ausgezogen, die Roma seien geblieben.

Nicht schöner geworden, die häßliche evangelische Kirche, im hintern Teil, im Chor, bewohnt, vorn verlottert,

EINER IST EUER MEISTER

steht immer noch (in Fraktur) über der Tür.

Bei der Ankunft mußte der Paß dem Portier abgegeben werden, im völlig vergammelten Hotel, das mal die ›Eiche‹ war, das erste Haus am Ort. Ohne Ausweis darf man nicht auf die Straße.
Der mürrische Alte am Empfangspult besieht sich das rote Heft mit dem weißen Kreuz, öffnet es, blättert drin, bleibt an jedem der vielen Stempel murmelnd hängen, als kontrolliere er Annas Reisen in die verschiedensten Länder, sagt »Kapitalista!« vorwurfsvoll, böse und öffnet vor ihr eine leere Schublade, die offenbar für die Pässe kapitalistischer Länder bestimmt ist, und verstaut ihren Paß darin. Er scheint taub, als sie ihn um eine Bestätigung bittet, offenbar versteht er kein Wort einer andern Sprache als Tschechisch, arbeitet aber als einziger an der Rezeption.
»Deutsche!« Eine alte Frau taucht hinter dem Mann auf, mustert die Neuangekommene und ihr Gepäck, mustert ihr Gesicht, als müßte Anna sie und sie Anna kennen, und es könnte ja sein, so sicher ist die sich da nicht, daß Anna diese Person früher wirklich gekannt hatte.
»Sie sind Deutsche«, sagt die Frau sehr bestimmt auf deutsch, »und Sie sind von hier, hierher kommt sonst niemand. Nur Geschäftsreisende hie und da.«
Warum sollte auch jemand an einen Ort wie diesen kommen, eine Kleinstadt ohne nennenswerte Sehenswürdigkeiten, drei, vier Fabriken an der Peripherie.
Der Alte zieht den Schweizer Paß nochmals hervor, kontrol-

liert ihn und die verschiedenen Visa von neuem, während die Frau Anna erzählt, sie sei in die deutsche Schule gegangen, aber mit einem Tschechen verheiratet.
»Könnten Sie bitte übersetzen, dem Portier bitte sagen, daß ich einen Empfangsschein, eine Bestätigung des Hotels brauche, wie Sie wissen, mach ich mich ohne Ausweis strafbar.«
»Portier«, lacht die, »das ist ein pensionierter Bauarbeiter, der hier herumsitzend seine lausige Pension mit ein paar zusätzlichen Kronen aufbessern muß.«
Sie schüttelt den Kopf.
Der Mann vergleicht nochmals Annas Paßfoto mit ihrem Gesicht und sagt »Ne«.
»Ich bin in Šternberk geboren, ich kenn auch die hiesige Umgebung von früher, ein wenig«, versucht Anna einzulenken und verschweigt, daß sie hier aufgewachsen und in die Schule gegangen ist, um weiteren Fragen, Nachforschungen, womöglich dem Erkennen der Alten zu entrinnen.
»Ach«, sagt die Frau enttäuscht, »von Sternberg«, so als hätte sich Anna ihrem Bereich, ihrer Zuständigkeit entzogen, als verlöre sie einen ergiebigen Fang, und es entging ihr damit tatsächlich eine Geschichte.

Kein einziges Bild an der Zimmerwand, neben der Tür hängt ein Abreißkalender vom vergangenen Jahr. Die Tapete löst sich nicht nur an allen Ecken, die Decke zieren, dort, wo der Gips abgefallen ist, abenteuerliche dunkle Gebilde. Das einzige Fenster geht auf einen Hinterhof, nicht auf den Platz, nicht auf die Hauptstraße mit der alten Schusterwerkstatt schräg vis-à-vis, wie Anna sich gewünscht hätte.
»Vergiß deinen lieben Lehrmeister«, versuch ich sie zu trösten, »vergiß deine alten Kollegen, die sieben Schustergesellen, von denen du den einen oder andern wiederzusehn gehofft hast. Der Meister ist längst gestorben.«
Es gibt hier keine Schuster mehr, nur noch eine Abgabestelle,

von der aus die Schuhe zum Flicken in die staatliche Fabrik geschickt werden.

Das Grölen von unten aus dem Restaurant. Jeden Vormittag acht Krügel, acht Krügel jeden Nachmittag hatte sie als Lehrling hinüber in die Werkstatt balanciert.
Auch nebenan im Saal singen Besoffene traurige Lieder. Dort war, gediegen, fast nobel, kurz vor Kriegsausbruch der achtzigste Geburtstag ihres Großvaters gefeiert worden.

Kein Papier in den verdreckten Klos, nirgends. Die Türen sind in halber Höhe durchlöchert, einige Löcher mit Zigarettenstummeln und Kaugummi wieder verstopft, auch kann man die Klos von innen kaum verriegeln, mit einem kräftigen Tritt oder einem energischen Zug kann jeder, wenn er will, herein. Nicht nur in diesem Hotel.

Im Hof läßt jetzt einer einen Motor aufheulen, immer wieder. Den Kopf unter der Bettdecke hat sie unverhofft ein andres als dieses Hotelzimmer vor Augen, nur ein paar hundert Meter von hier: das große, helle Kinderzimmer mit Fenstern und Fenstertür zum Balkon über dem Garten. An den Wänden rotgerahmte Bilder, die Anna liebte und die von jeher zu ihr gehörten, Clowns und lustige Tiere, die Gregor mit leichter Hand für sie und ihre jüngeren Geschwister gemalt hatte. (Ich werde, wenn ich groß bin, Malerin sein.) Die gelben Gitterbetten und der gelbe Schrank waren zuoberst von einer Reihe faustgroßer verschiedenfarbiger Kugeln eingefaßt, auch der niedrige Tisch und die kleinen Stühle waren gelb lackiert, so daß es selbst an trüben Tagen schien, als wäre die Sonne im Zimmer geblieben.

Und wie sie dann, in ihre Gedanken versunken, wieder am Fenster steht und hinaus über die Dächer ins Weite schaut, ohne hinunter in den Hof zu sehen, nicht mehr merkt, was um sie geschieht, nichts mehr hört:

Wie der Gregor, erschrickt sie und fährt sich mit den Händen ins Haar.

Wolltest du nicht Dolní Hynčina suchen

Im Gasthaus von Nemile, einem Dorf, nicht weit, eine halbe Stunde zu Fuß von Zábřeh entfernt, zeigte sie Männern, die am Stammtisch saßen, den Zettel der Prager Kellnerin.
»Dolu Henčin, das ist doch Heinzendorf!«
und sie wiesen Anna die Richtung dorthin, die sie jetzt, wenn es sich um Heinzendorf handelte, ohnehin wußte. Nur waren die alten Feldwege verschwunden, sie mußte um ein riesiges Weizenfeld, das sich, so weit sie sehen konnte, ausbreitete, vom Dorf bis oben zum Waldrand, und so kurz vor der Ernte konnte sie das nicht durchqueren.

Am Waldrand wuchern Himbeeren, so viele hat sie kaum je gefunden, noch nie so viele Himbeeren gegessen wie heute, sie kommt vor lauter Himbeeren nicht vom Fleck.
Anna erkundigt sich bei einem jungen Paar, das mit seinen kleinen Kindern Beeren in ein Aluminiumgefäß sammelt, sicherheitshalber nach dem Weg zum Dorf, das die Prager Kellnerin auf der Landkarte vergebens gesucht hatte. Ja, das sei der richtige Weg nach Dolní Hynčina, sagt der Mann, er kenne sich hier aus, denn sie seien aus Zábřeh. Er erkundigt sich, woher sie sei, und auf ihre Antwort, auch sie komme aus Zábřeh, schauen die Leute Anna so befremdet, erschrocken an, daß sie beifügt: »aus dem Hotel.« Worauf sich die Familie zufrieden wieder den Himbeeren zuwendet.

Das Dorf ist nicht wiederzuerkennen. Auf den Dächern wachsen Birken, und aus den Häusern, die noch nicht ganz verfallen sind, schauen Zigeunerinnen sie mißtrauisch an, ein paar Kinder laufen zusammen und verschwinden.

»Und um jedes dieser Häuser weint irgendwo einer«, sagt die Alte, der sie auf dem Heimweg begegnet: »irgendwo in Deutschland, in Österreich, in Amerika, irgendwo auf der Welt.«

Das war der Kindergarten

»Das war er doch?« sagt Anna, als sie vor dem niedrigen alten Gebäude stehn.
»Ja, das war der Kindergarten«, sagt Hobinka: »Aber jetzt ist das Gemäuer baufällig und zu gefährlich geworden und steht schon jahrelang leer.«

Im Restaurant des Hotels ›Rudý dům‹ saß der Mann gestern abend am Nebentisch, fing ein Gespräch an. Ob die Schweizerin Lust hätte, die Stadt und die Umgebung kennenzulernen? Morgen, Sonntag, würde er ihr gern alles zeigen.
Sein Name kam ihr bekannt vor. Hobinka, Rudolf. Sie könne ihn auch Rudi nennen. Sein Gesicht? Aber wer kommt Anna hier nicht alles bekannt vor.
Er wartet, wie abgemacht, vor dem Hotel, und sie gehen die Hauptstraße hinauf bis zum Fürstengrund. Über einer Haustür schlängelt sich eine steinerne Schlange um den Äskulapstab,
»Dr. Vicany«, sagt Anna, »war unser Hausarzt.«
Hobinka scheint nicht verstanden zu haben, vielleicht hat er sie nicht gehört.
Warum er so gut Deutsch könne? Seine Mutter sei aus Heinzendorf und habe früher nur deutsch gesprochen; der Vater sei Tscheche.
Rudi ist gleich alt wie Anna, wenn seine Muttersprache Deutsch ist, sind sie wahrscheinlich eine Zeitlang zusammen in die Schule gegangen.

»Die Bierhalle!« zeigt er, hundert Meter weiter, rechter Hand.
Ja, die alte Bierhalle, am Verfallen, und vis-à-vis ein neues Gebäude vor der Mälzerei, nur die vordere Fassade ist frisch verputzt. Sie sieht wieder hoch über sich den großen, eigenartigen Kaminhut, riecht den Duft, an den sie sich dreißig Jahre lang erinnert hat. Der Schloßberg ist schütter bewachsen, mit buntlackierten Metallgeländern den steilen Fußweg entlang.
Über die Mühlgrabenbrücke oder das, was mal eine Brücke war, der Mühlgraben ist zugeschüttet, rechts ein neues Haus im Garten vor der Villa mit Kelch und Hostie, in Stein, über der Eingangstür:
»Das Bethaus der Böhmischen Brüder«, erklärt er: »Für die Alten ist das immer noch die Villa Kirsch, aber die Kirschs, die sind längst weg.
»Ich weiß«, nickt sie. Und schweigt; Anna kennt den Salon der Villa vom letzten Gottesdienst, kennt auch das Schicksal der früheren Besitzer. Davon wird hier nicht mehr gesprochen.

Und neben der ehemaligen Villa Kirsch stand, steht in ihrer Erinnerung immer noch der hohe Stacheldrahtverhau, dahinter, zwischen anderen Gefangenen, ihr Vater mit seinem Bruder.
Kurz zuvor waren sie, von den Alliierten aus einem deutschen Lager befreit, quer durch Deutschland gewandert und vor wenigen Tagen voller Hoffnungen nach Hause gekommen. Die Farben ihres Heimatlands, Rot-Weiß mit kleinem blauen Dreieck, am Revers. Jetzt warteten sie auf den Abtransport aus dem russischen in ein tschechisches Lager. Doch auch davon wird nicht mehr gesprochen.
Weiter
an der eingeschossigen Häuserzeile der Teichgasse vorbei, die gleichgeblieben, nur mit neuen Fenstern versehen und neu verputzt worden ist, ein Zirkuswagen hinter dem ersten der

Häuschen, schöne Gärten, der Brunnen in der Mitte verschwunden,
weiter,
hinter der Tannenhecke ist mal ihr Garten gewesen, im Vorbeigehn, kein Schritt langsamer, ein Blick durchs verschnörkelte, verrostete Gatter, durch verwilderte Obstbäume, aufs Haus, die Birke vor dem Kinderzimmerfenster ist weg, daneben das Waschhäuschen steht noch,
weiter,
nun biegt Hobinka ein und will zum Fabriktor.
»Nein!«
Verwundert schaut er Anna an, beleidigt. Sein Leben lang habe er in der Weberei gearbeitet, wie sein Vater, wie sein Großvater. Die Frau habe er in der Fabrik kennengelernt, und auch seine Eltern hätten sich hier kennengelernt. Beim Fortgehn erklärt er ihr stolz sein Revier: die Krawattenfabrik und die Spedition im einstmals modernen Bau neben der Portierloge. »Dort, die beiden langen Gebäude hinter den Shedhallen, der Weberei, das sind die Werkstätten, und fast der ganze Teil neben der Kantine, was Sie rechts vom Tor sehen, ist neu, in den letzten Jahren erst gebaut worden.«
Ob er mich heimlich beobachtet? Will er mich provozieren? Wozu? Kann es sein, daß er, obwohl ich mir keine Mühe gebe, mehr als meinen Mädchennamen zu verschweigen, wirklich nicht merkt, daß ich alles schon weiß, das meiste kenne, was er mir hier erklärt?
»Gehn wir weiter.«
Erst der Straße nach, dann der Zohse entlang in Richtung Lupele.
»Wollen Sie nach Busele?« fragt sie. »Sehr schön, aber zu Fuß, fürcht ich, wär das viel zu weit.«
Jetzt mußte er etwas merken. Wie vorsichtig die Menschen geworden sind.
»Nein, ich zeig Ihnen einen noch viel schöneren Ort, wir gehn zum See.«

Ein See?

Hier gibt's weit und breit keinen.
Aus ihrem Zimmer, dem Kinderzimmer, aus einem ihrer Kinderzimmerfenster kann sie, durch lockeres Birkenlaub hindurch, Hügel sehn, zuhinterst den bewaldeten Hügelzug, der vor dem Rosenthal liegt. Und durchs Rosenthal fließt ein Bach, den kennt sie von Sommerausflügen, langen, heißen Sonntagsspaziergängen. Das Tal, wie auch die andern Täler der Umgebung, kennt Anna ganz gut, selbst mit geschlossenen Augen sieht sie vieles haarscharf vor sich, keiner kann ihr zeigen, was es hier nicht gibt.

Doch der Mann, der Anna immer bekannter vorkommt, je länger sie, jetzt schweigend, nebeneinander hergehen, führt sie, nachdem sie vor Lupele den Fahrweg nach rechts eingeschlagen haben, in ein schmales Tal, ja, das ist's, hoher Wald an den Hängen: mach die Augen zu, und du weißt wieder, wo du bist.
Und jetzt sieht sie hier nur noch ein Rinnsal und steht bald unvermutet vor einem Wall, einer mit dichtem Gebüsch überwachsenen Geländestufe.
Sie klettern, sich an Erlenzweigen haltend, Rudi zieht sie an der Hand den Damm hinauf und weist stolz auf einen langgezogen vor ihnen liegenden See. Im dunklen Wasser spiegeln sich die Tannen, an den Pfosten eines Holzstegs sind zwei Ruderboote vertäut, hier und dort stehen Angler in ihren hüfthohen Gummistiefeln vor den abbrechenden Ufern, als wär es von jeher so gewesen. Über nackte alte Wurzeln stolpernd, spazieren sie hangauf und ab und um Windungen, zwischen Heidelbeer- und Preiselbeerstauden, dem schmalen Uferweg entlang, setzen sich in einer schattigen Bucht auf die Kiesel, ziehen die Schuhe aus und strecken die Füße ins Wasser,
»wie früher«, sagt sie, und Rudi nickt, gedankenverloren, sie baden wie als Kinder bis zu den Knien im Bach, der zu einem romantischen See geworden ist.

»Hier fischen«, sagt Rudi, »dürfen nur Privilegierte, Bonzen, oder Beamte und Arbeiter als seltene Belohnung für besondere Leistungen.« Er sei vor Jahren aus der Partei ausgestoßen worden, in der gebe es längst nur noch Opportunisten, keine gläubigen Kommunisten mehr, erzählt er, während sie weiterwandern,
»als wären wir Touristen«, sagt Anna,
»in der Sommerfrische«, lacht Rudi.
Stundenlang wandern sie durch eine ihr fremd gewordene Gegend. Bis zum ›Rosenthal‹. Das Restaurant, die langen Holztische und Bänke auf dem vermoosten Platz davor, das alte Ausflugsziel erkennt sie wieder.
Weiter,
über die Wiesen dem Höhenzug nach gehen die beiden, mit der Aussicht auf kleine Gehöfte, einen Weiler; im abendlichen Dunst andere Höhenzüge, die Anna nicht benennen könnte, und hatschen auf der staubigen Landstraße durch die Felder zurück bis Krummpach.

Links führt eine holprige Straße hinauf zum Žérotínov, sehr steil (die tägliche Mühsal mit den schweren Milchkannen, halb so groß wie Anna). Schweigend geht sie neben Hobinka an dem Hof vorbei, auf dem sie als Fünfzehnjährige gearbeitet hatte.

Geflohen

Eines Morgens fand Anna hier alles leer, das Haus leer, nicht aufgeräumt, das Bettzeug weg, und ein paar Fotos fehlten an den Wänden. Im Hof war niemand zu finden. Im Schweinestall lag die Sau mit gerade erst geworfenen Jungen, und der Knecht hockte neben der Sau im Stroh: »Neun, und es kom-

men noch mehr, ja, schau her, aber dann mußt du fort von hier!«
»Wo sind die andern, Jirko, so früh schon aufs Feld? Wo sind unsre Leute hin?«
»Alle geflohen, in der Nacht weg, mit den Pferden und zwei Wagen geflohen. Außer mir ist niemand mehr hier, und du, lauf jetzt nach Haus.«
Die Sau lag da, breit, flach, ganz erschöpft, wie rosa Maden wanden sich die Frischlinge leise quiekend unter ihrem Bauch.
»Und was wird aus mir, was soll mit mir werden?«
»Lauf heim und sag deiner Mutter, ihr müßt fort! Sofort!«
»Die Mutter meint, woanders kennt man uns nicht, hier weiß jeder, daß der Vater im Lager ist. Sie will nicht, wir wollen nicht weg.«
»Trotzdem. Mir wird nichts geschehn, ich schau schon zum Vieh, einem Mann, einem Tschechen wird nichts geschehn, aber du mußt hier weg, děvče, honem, geh jetzt lauf, lauf, aber honem, also schnell!«

Wortlos gehen sie, Anna und Hobinka, an diesem Hof vorbei und weiter bis dort, wo sich die Straße zu einem Platz verbreitert.

Auf diesem langgezogenen Platz hatten im letzten Kriegswinter die Flüchtlinge aus der Batschka kampiert. Ein Planwagen dicht neben dem andern. Die müden Pferde lassen ihre Köpfe in meist leere Futtersäcke hängen. In den Turnhallen und Schulzimmern reicht der Platz nicht, das meiste dient als Lazarett, nur wenige der Neuankömmlinge können eine Nacht in Massenlagern verbringen. Alle Wohnungen sind überfüllt mit Flüchtlingen. Jeden Tag kommen neue Trecks an, unter

den Planen vollgeladen mit Kindern, Alten, mit Geflügel und Hausrat, mit allem, was sie vor den russischen Truppen retten konnten, fliehen sie nordwärts. Sie kommen aus der Ebene, ihre Wagen, für ebene Wege gebaut, haben keine Bremsen; mit Knüppeln, die sie zwischen die Speichen stemmen, versuchen Männer und Frauen verzweifelt, die vereisten Bergstraßen zu bezwingen. Ein schier unendlicher Flüchtlingsstrom. Die Leute in ihren schönen bestickten Lammfellmänteln stehen müde zwischen ihren Wagen, um das Feuer und ihre Kochkessel herum, doch schon nachmittags müssen der Verdunklung wegen die Feuer gelöscht sein. Die Frierenden werden von den Einheimischen begafft, von den Kindern bewundert, so wie sie die Zirkusleute mit ihren Wohnwagen bewundern oder gar beneiden.
»Wie die Zigeuner«, jammern die Flüchtlinge. »Ihr solltet unsre alten Höfe sehn«, rufen die Bauern den Gaffern zu, »staunen würdet ihr über unsre weiten, fruchtbaren Felder! Wenn ihr unsre prächtigen Gehöfte sehen könntet! Und jetzt ziehen wir durchs Land, Vagabunden, schon wochen-, monatelang, kampieren jeden Tag woanders, wie die Zigeuner.«

An die Zigeuner können sich die jüngeren der Kinder nicht mehr erinnern. Die Erwachsenen, die meisten, sind froh, daß die verschwunden sind: »Wen interessiert es schon, was mit denen geschieht?«
Und von den Gaffern ahnen wahrscheinlich nur wenige, daß ihnen bald Ähnliches bevorsteht wie den Flüchtlingen aus der Batschka.

Einige Monate später kommen sie, dieselben Planwagen mit völlig erschöpften Pferden über dieselben, vom Frost aufgebrochenen Bergstraßen zurück, die gleichen Leute, immer noch auf der Flucht, nicht mehr dieselben, längst nicht mehr alle, ohne Hühner, mit den letzten Resten ihrer Habe, abgerissen, am Ende. Und hinter ihnen und den unzähligen andern Flüchtlingstrecks her, kaum einen Tagesmarsch, bald keine Stunde mehr entfernt, die Russen.

Ein Flieger

Hier ist sie gerannt, von Ilgners Hof nach Hause gerannt, über ihr ein Flieger so tief, daß sie in der Kabine den Mann an seinem Geschütz tktktktktkt genau sehn kann, wie er zielt und tktktktktktktkttktkt tktkttk tktktktk in diese Straße schießt, eine einzige, die Häuserzeile entlanggezogene Salve, flach in eine Türleibung gepreßt, kann sie ihn und den Lauf der Einschläge sehn, da ist er schon wieder weg, weit weg zieht er ab durch den glasigen Frühlingshimmel, mein Vorteil, staunt sie, fast vergnügt, sein Nachteil, dieses Tempo, laß dir Zeit, nie gedacht, daß Schnelligkeit so falsch sein kann, laß mir Zeit, laß mir Zeit, das Leben ist verflucht kurz, nein, weiter, rennt ein kurzes Stück weiter, den Blick auf dem Flieger, der in großem Bogen über die Stadt zu ihr zurückkehrt, das Leben ist kurz, daß der mich nur nicht bemerkt, verflucht kurz, mich im Schatten hinter der Ecke des Kindergartens bemerkt, dessen Fenster sind leer, Tante Else, die Kinder gottlob längst fort, und rennt, sobald der Flieger schon wieder vorbei, weit weg kreist, rennt um ihr Leben.

Zwei Alte, die an diesem klaren, warmen Maimorgen im Wald hinter der Amerikawiese Brennholz zusammengeklaubt haben und es zum Waldrand tragen, um dort ihren kleinen Leiterwagen damit zu beladen, treten, unter der Last der Zweige gebückt, aus dem Dunkeln ins Freie, sehen, hören, was aus dem Himmel auf sie zurast:
Feuer! ein Schlag!

Auf dem Weg, der auf der andern, der Rudolfsthaler Seite der Zohse dem Waldrand entlang führt, liegen zwei unter einem Haufen dürrer Zweige neben der Deichsel eines Leiterwagens, eine alte Frau und ein alter Mann.
Es ist der achte Mai neunzehnhundertfünfundvierzig.

»Das war der Kindergarten, nicht wahr?« sagt Anna, als sie mit Hobinka auf dieser zum Platz erweiterten Straße vor dem niedrigen Biedermeiergebäude steht. Aber ist das wirklich Biedermeier?
»Ja, das war der Kindergarten«, sagt Hobinka: »Doch jetzt ist das Gemäuer baufällig und zu gefährlich geworden, es steht schon jahrelang leer.«
Er wundert sich nicht, wundert sie sich: Er fragt mich nicht, warum ich weiß, daß dieses Haus mal unser Kindergarten war.

Laß dir Zeit

Den größten Teil des ersten Besuchs in ihrer Stadt, diesem sogenannten *Heimatort*, verbringt sie im Hotelzimmer. Unter der Bettdecke zusammengezogen, verkapselt wie in einem Ei, die Zeit vergeht nur zum Schein, mit geschlossenen Augen, die Zeit ist stehengeblieben in mir, die Hände vor den Ohren, nur schwach, oberflächlich atmend, den Atem immer wieder angehalten, um so den Schmerz, stehengeblieben in mir, nicht nur in den schlaflosen Nächten, stundenlang, halbtagelang, den in dieser Stadt, im Zimmer stehengebliebenen Schmerz durch die Schale von mir abzuhalten, die aufstoßenden Erinnerungen und auch das grade Gesehene, alle Gefühle und Gedanken aushalten zu können.

Sie soll dableiben. Laß ihr Zeit. Ich beschließe, Anna vorläufig in diesem Ort bleiben zu lassen. (›Die an der Nordostseite des Hohenstädter Berglandes, noch zum Schönhengstgau gehörende, gewerbereiche Bezirksstadt Zábřeh, 300 m, mit 8000 Einwohnern, Baumwoll-, Seiden-, Holz- und Lebensmittelindustrie, hieß früher auch Hohenstadt‹: Heimatkunde. Sehenswert seien das Stadtmuseum, das Schloß und die Bartholomäuskirche aus dem Jahre 1754 mit ihren Cyrillus- und Methodiusstatuen.)
Sie, Anna, soll durch alle Straßen gehn: »Laß dir Zeit, laß dir Zeit«, durch alle Gassen, an den alten und den neuen Häusern vorbei, sooft sie kann, wieder und wieder zu Jarmilas Haus und durch den Fürstengrund und über den Damm und an ihrem Garten entlang, bis sie sich gewöhnt, alles so zu sehn, wie es jetzt ist, daß die neuen Eindrücke die alten korrigieren.
»Laß dir Zeit.«
Sie sollte es hier aushalten, bis alles, was wider Erwarten stehengeblieben, gleichgeblieben, nur auf entsetzliche Weise gealtert ist, sie nicht mehr verletzt. Bis sie es erträgt: den Anblick der Fassaden, seit Kriegsbeginn nicht mehr renoviert, deren schwärzlicher Putz abbröckelt bis auf die nackten Ziegel, den Anblick der wenigen einst schönen Barock- oder Biedermeierhäuser, grade erst mutwillig zerstört mittels neu eingesetzter Fenster, die zur Zeit eben zu haben sind, meist breitformatige, dreiflüglige Normfenster, den Anblick all der trist vor sich hinschauenden Besoffenen, die sich schon früh am Morgen an ihren immer wieder von neuem aufgefüllten Biergläsern festhalten.

Und Anna geht durch die Straßen, zickzack mit Umwegen durch die kleinsten Gassen, wandert, leise vor sich hin fluchend, über den Teichdamm (die alten Linden wurden durch jüngere Bäume ersetzt), spaziert entlang der unter dem Efeu zerfallenden Ziegelmauer der Spinnerei (Kohlenhaufen im früheren Garten) auf die Mälzerei zu (aus der nach dem Krieg die ukrainischen Frauen, gebückt, keuchend unter viel zu schweren Zuckersäcken, angetrieben von den Peitschen russischer Soldaten, wie im Krieg von denen der deutschen Soldaten, diese versteckten Vorräte zu Lastwagen hatten schleppen müssen)

und sie schaut übers Wasser: drüben das Badehäuschen mit den abblätternden Resten der alten Farbe, die Karpfenbekken, Fischer, der Drahtzaun ist an verschiedenen Stellen aufgerissen, sie stehn mit ihren Angeln auf den Zwischendämmen und am Ufer, dahinter die *Sheds* der Weberei, ihr Elternhaus und daneben der neue dreistöckige Block, dort, wo mal eine riesige Eiche (drin versteckt ihr Baumhaus) gestanden hatte (die alte Trauerweide am Tor ist weg, das Kesselhaus weg), sie geht wie als Kind, den Blick schamvoll auf dem Boden, gegen den Strom der heimkehrenden Fabrikarbeiter durch die Teichgasse, dann, möglichst unauffällig, innerlich zitternd, der zum Großteil abgestorbenen Tannenhecke nach, dem Garten entlang, ein neues Dach auf dem Haus, am Eingang mehrere Namensschilder, sie traut sich kaum hinzuschauen, biegt lieber hinter Jarmilas Haus ab (Jarmila, die mit ihren kleinen Geschwistern zum Gartentor kam, die Kleinen kletterten auf den Eisenschnörkeln herum, und die beiden Mädchen versuchten, sich mittels Zeichen zu verständigen, bis Jarmila Anna einige tschechische Wörter und diese der Freundin einige deutsche beigebracht hatte), hinter dem Haus, in dem Jarmila wohnte, nach rechts, bergauf zur alten Schule (wo die Kinder, noch vor dem Alphabet, gelernt hatten, Gasmasken richtig zu gebrauchen); und wie sie hinauf zur oberen Kirche geht, nachschauen, ob die offen ist, das unheimliche Gefühl: jetzt weiß ich, was kommt:

die (früher scheinbar höhere) Mauer des Kirchhofs hinter dem Haus mit der Holzlaube im ersten Stock, gegenüber der Abzweigung nach Nemile eine Nische im Abhang (in der steht ein etwa siebzigjähriger Geiger in einem fadenscheinigen Rock, kahlköpfig, den Hut vor sich auf dem Boden, und spielt mit lächelnder, sich selbst Beifall gebender Miene, drei

Jahrzehnte lang in dieser Nische stehend, den Takt mit dem Fuß schlagend und zugleich seinen ganzen gebückten Körper in Übereinstimmung bewegend, bearbeitet er seine zersprungene Violine), das dunkle, niedrige Haus mit dem Dachfenster als Hintergrund;
und unter dem ersten der Alleebäume lauert wieder eine zerknitterte Frau (wie die, die einst das kleine Mädchen bewundernd und mitleidig angesehen hatte: »Warte nur, du Schöne, warte, weine, meine Liebe, wirst du mal erwachsen, weine, mit der Liebe hört der Spaß bald auf!« Spätestens bei der ersten Geburt hörten jeder Spaß und die Gesundheit auf, und es fange eine endlose Kette von Schwierigkeiten an, Abhängigkeiten Gebresten Krankheiten Schmerzen);
weiter zum Kino (die Feuerzangenbowle),
bergauf zum Friedhof, wo Anna nichts und niemanden verloren hat;
und sie läuft hinunter zum Haupt- und Kirchplatz, einige Fassaden sind am Zerfallen, vor der Kirche fehlt eine Häuserzeile, so daß aus ehemals zwei Plätzen jetzt ein großer, langer Platz geworden ist; drüben in der Mitte, mit seinem Laubengang über den Gehsteig vorspringend, das (›erwähnenswerte‹) Renaissancehaus (›von 1581, in dem Johann Amos Comenius zeitweilig wohnte‹. Gelernt und vergessen, aber nachzulesen: ›Der berühmte Pädagoge und letzte Bischof der Böhmisch-Mährischen Brüder heiratete 1618 in Fulnek die aus Hohenstadt stammende Magdalena Wisowsky‹); die Pestsäule, ihr Zustand ist eine Schande, steht jetzt scheinbar woanders, und dahinter Mademoiselle Nicolets Fenster in einer einst hübschen Fassade (der Seiltänzer, der von Mademoiselles Fenster aus über den Platz balancierte, könnte das andere Seilende nirgends mehr befestigen); Anna geht durch Ritter Tunkls düstren Schloßhof (das ›sehenswerte‹ Schloß hat sie nie von innen gesehn) und hinüber zu Titis (ihres geliebten *Fräuleins*) Haus, laß dir Zeit, laß dir Zeit, nein, sie rennt den alten Rodelweg bergab und wieder über den Teichdamm, lautlos mit dem Vater hadernd, dem Vater, der von dieser

Reise nicht wissen durfte, weil er ihr verboten hatte, hierher zurückzufahren; solange er lebte, durfte keine und keiner seiner Lieben in dieses Land, die Vorstellung, ein Familienmitglied begebe sich an diesen Ort der Enttäuschung, der Schmerzen, gehe freiwillig zu den Räubern zurück, glaubte er nicht überleben zu können (Du konntest zum Beispiel auf die Tschechen schimpfen, dann auf die Deutschen, dann auf die Juden, und zwar nicht nur in Auswahl, sondern in jeder Hinsicht); lautlos mit dem mißverstandenen und mißhandelten Vater hadernd:
»Ich hätte nicht zurückkommen sollen (›nun behieltest Du ja mir gegenüber tatsächlich erstaunlich oft recht‹)!«

und flieht über die Zohsebrücke nach Rudolfsthal,
»um Gotteswillen, was fällt dir ein, fort, weg von diesem Ort«,
rennt atemlos die Straße bergauf nach Skalice, und weiter, weiter,
nur laufen, wahnsinnig schnell, daß jemand, der sie hätte begleiten wollen, ihr nie hätte folgen können,
so lange soll sie weitergehen, gehen, laufen, bis es nicht mehr schmerzt oder sie den Schmerz aushalten kann.

»Was fällt dir ein! Das kannst du mir nicht zumuten«, sagt, nein, schreit Anna nach vier Tagen.

So geht's nicht, das seh ich ein, es ist zum Davonlaufen. Also gut, ich schicke sie nach Šternberk und von dort auf die Suche nach Gregors im Land zurückgelassenen, verschollenen Bildern.

IV.

Das Schloß

Dreißig Jahre, neun Monate und acht Tage nachdem Anna das Land verlassen hatte, trägt sie ihre Personalien im einzigen Hotel ihrer Geburtsstadt ein.

Das Schloß über dem Garten des Großvaters ist jetzt Museum.
Der Museumsdirektor begrüßt Anna formell, tschechisch, er sei aus Böhmen nach Mähren, hierher nach Šternberk versetzt worden, nein, er könne kein Wort irgendeiner anderen Sprache. Ein ungeschlachter Typ, den sie sich im Boxring gut vorstellen könnte. Die für die Führungen zuständige junge Frau übersetzt und flüstert ihm dann etwas ins Ohr, wahrscheinlich, daß sie Anna verdächtigt, Tschechisch zu verstehn, und wer weiß, was noch. Sie sieht sie, während sie sich ihrem Vorgesetzten zuneigt, von der Seite her an, kein liebenswürdiger, eher ein vorwurfsvoll strafender Blick, wie Anna ihn aus der Schulzeit kennt.

Am Tag zuvor hatte sie sich der Führung dieser Person anschließen müssen, denn es ist verboten, alleine durch die Räume des Schlosses zu gehn, ein Museum, das Anna doch nur der dort vermuteten Bilder wegen interessiert.
Dieses gotische, damals, also 1976, frisch renovierte Schloß (richtiger: ›Die Burg, deren erste Anlage wahrscheinlich in das zwölfte Jahrhundert zurückreicht, der Bergfried, eines der ältesten Baudenkmäler Mährens, ist noch heute gut erhalten‹) thront in einer sichtlich verarmten Gegend hoch über der Stadt. Was sollten diese prächtigen Möbel inmitten aller Schäbigkeiten, was gingen sie solche von Generation zu Generation veränderten und oft geschmacklos erneuerten

Prunkgemächer an. Dunkle Portraits fürstlicher Ahnen, alte Uhren unter Glasglocken, Vitrinen voll böhmischem Glas und barockem Geschirr.
Ohnehin waren ihr die Erklärungen, bis auf wenige Wörter, unverständlich.
»Die alte befestigte Burg, nach dem großen Sieg über die Tataren angeblich von Zdislaus von Chlumetz oder Jaroslav von Sternberg 1242 bis 1248 am Kampfplatz erbaut, wurde vom Fürsten Johann II. von und zu Liechtenstein in den achtziger Jahren des letzten Jahrhunderts erneuert.«
Daß sie hie und da trotzdem zugehört und zu verstehen versucht hat, daß sie immer wieder zurückblieb und daß, während die aufmerksame Gruppe sich von Gegenstand zu Gegenstand weiterbewegte, ihr, der pausenlos redenden Führerin: »Das Schloß mit seiner althistorischen und kostbaren Inneneinrichtung, mit seinen vielen Altertümern, Sammlungen und Kunstschätzen findet weit im Lande nicht seinesgleichen«, in den nächsten Raum folgte, Anna sich aus einem offenen Fenster weit hinausgelehnt und hinuntergesehen, mit großem Interesse lange in den tief unter dem Schloß liegenden Garten (Großpapas Garten) geschaut hat, in dem doch außer verwilderten Obstbäumen nur ein paar Kisten und Lastwagen herumstanden, das schien die Führerin bemerkt und übel vermerkt zu haben.

Denn während sie flüstert, verändert sich der Ausdruck auf dem Gesicht des Direktors. Nicht zum Guten, nicht vertrauenerweckend. Dennoch muß Anna sich ihm jetzt anvertrauen, wenn sie das, was sie sucht, finden, den Zweck ihrer Reise erfüllen will. Er sollte sie endlich, nachdem sie schon gestern und vorgestern vergeblich nach ihnen gesucht hat, zu Gregors Bildern führen. Die hier, irgendwo in diesem ehemals liechtensteinischen Schloß, gelagert sind, wie aus einem allerdings schon jahrealten Brief einer Museumskonservatorin hervorgeht.
»Seien Sie, was die Bilder Ihres Mannes betrifft, beruhigt«,

hatte die Konservatorin der Witwe des Malers geschrieben: »Die sind seit dem Ende des Kriegs sorgfältig instand gestellt worden und im hiesigen Museum gut aufgehoben.«

Jedoch eine Konservatorin will in diesem Museum niemand kennen. Der Direktor schüttelt den Kopf, die Übersetzerin schüttelt den Kopf.
Auch von den Bildern will keiner wissen. Er murmelt böse etwas wie »dekadent nicht gut unnütz« und dazu ein paar Schimpfwörter, die Anna noch aus der Kindheit in Erinnerung geblieben sind. Falls es Gemälde einmal tatsächlich gegeben habe, seien sie längst verbrannt.
Anna weigert sich, das zu glauben, will, wovon sie der Museumsdirektor zu überzeugen versucht, nicht verstehn und versucht so, ihn zu zwingen, sie ins Depot zu führen. »Nein, ich erhebe keinen Anspruch auf die Bilder, wie käme ich dazu, ich möchte nur feststellen, daß sie überdauert haben«, beteuert sie dem Direktor.
Ob das Werk den Maler überleben konnte. Oder ob dieses Land nicht nur sein Leben zerstört hat, sondern auch sein Werk: Das allerdings getraut sie sich vor dem Mann hier nicht auszusprechen.

Wenn sie drauf bestehe, so führe er sie also in einen der verschiedenen Lagerräume im Keller, wo er meint, daß vielleicht doch einzelne Bilder oder Bücher aus den alten bürgerlichen Besitzungen, sofern solche überhaupt überdauert haben, gelagert sein könnten.
»Auch Skizzenbücher?« fragt Anna, hoffnungsvoll: »Es sind einige wunderschöne Skizzenbücher aus Gregors jungen Jahren im Haus an der Troppauerstraße zurückgeblieben«, meint sie: »und auch die winzigen handgebundenen Hefte, die mein Großvater immer mit sich trug, um seine Gedanken und vor allem auch Gedichte, die er bewunderte und liebte, hineinzuschreiben.«
Kopfschütteln.

Wortlos, widerwillig geht der Mann vor Anna her, schließt eine eiserne Tür auf, sie soll in einen lichtlosen Raum eintreten, er verschließt hinter ihr die Tür, zweimal Schlüsseldrehen, er sucht den Lichtschalter:
Vor ihr liegt ein langer Gang, aus dem ihnen ein eigentümlicher, naßkalter Hauch entgegenkommt und an dessen Ende der Museumsdirektor wieder eine Eisentür öffnet und Anna hindurch ins Dunkle schiebt. Die ausgestreckten Hände berühren links und rechts eiskalte, feuchte Wände, sie hört, wie der Mann hinter ihr wiederum sorgfältig abschließt, und ihr wird es eng, Herzklopfen, sie kann kaum mehr atmen. Die Taschenlampe erhellt nur schwach den langen, seitwärts abbiegenden Gang, an dessen dunklem Ende sie dasselbe Zeremoniell erwartet. Eine Steintreppe windet sich sehr steil hinunter bis zu einem schweren verschlossenen Gitter. Dahinter ist ein großer hoher Raum, vollgestellt mit Gerümpel, das im Halbdunkel vor den unverputzten Mauern nicht genau zu erkennen ist. Der Fußboden ist naß. Ob Bilder, ob Leinwand oder Papier, hier dreißig Jahre lang überdauern konnten?
Eine weitere Eisentür wird mit dem fünften Schlüssel vor ihr geöffnet und hinter ihr abgeschlossen.

Anna trägt ihre Hoffnung noch eine Stiege, steil und sehr lang, mehrere Stockwerke tief in die Erde. Eine kleine, aber zäh ausdauernde Hoffnung, so als könnte sie ihm, Gregor selbst, begegnen, den lebendigen Maler, nicht nur seine Bilder wiedersehn.

Im nächsten, fensterlosen Raum stehn fünf Pritschen. Eisengitter werden auf- und hinter ihr abgeschlossen. Kalte Zugluft schlägt ihnen entgegen aus einem engen, aus dem Felsen gehauenen Gang mit verschiedenen Windungen. Gitter auf-, Gitter zugeschlossen.
Daß es jeweils sehr schön geschmiedete alte Gitter sind, einzelne davon wahre Kunstwerke, freut Anna ausnahmsweise nicht.

»So, hier wären wir!«
Der Museumsdirektor schließt sich mit Anna in einem niedrigen Raum ein. Das Zimmer hat keine anderen Öffnungen als die Eisentür, an die er sich lehnt, und einen Kamin. In der Mitte steht ein runder, hoher, überproportioniert großer Ofen, Kanonenofen hatte man solche Öfen genannt. Drei schimmelfleckige Wände sind mit Gestellen bedeckt, auf denen aber nur wenige Bücher stehn. Die ihr auf den ersten Blick nicht gefallen.

(Nicht zu vergleichen mit Vaters oder mit Großvaters Bibliothek: Hohe Wände voller Bücher, ein ganzes großes, warmes, ruhiges Zimmer, in dem nicht die Menschen, sondern die Bücher das Sagen hatten, zumeist braune Bücher, Braun in allen Nuancen, und rote, weiße, die verschiedensten, meist längst zu feinen Tönen verblichenen Farben, von der Tür bis zum Fenster, zwischen den Fenstern, vom Fenster bis fast, grade so nah wie der Brandgefahr wegen erlaubt, an den Kachelofen,

›Korf läßt sich in einen Folianten einbinden,
um selben immer bei sich zu tragen;
die Rücken liegen gemeinsam hinten,‹

Buchrücken an Buchrücken, von der Decke zum Boden Buchrücken. Davon durfte sie aussuchen, was sie wollte, auslesen, anlesen:

›Die Rücken liegen gemeinsam hinten,
doch vorn ist das Buch auseinandergeschlagen.
So daß er, gleichsam flügelbelastet,
mit hinter den Armen flatternden Seiten
hinwandelt oder zu anderen Zeiten
in seinen Flügeln blätternd rastet.‹

Den Folianten zurückstellen, einen anderen aussuchen und lesen, lesen. Wann immer sie dazukam, auch wenn sie anderes hätte tun müssen, heimlich unter dem Pultdeckel in langweiligen Schulstunden, so daß sie, gleichsam flügelbelastet, mit hinter den Armen flatternden Seiten, oder zu anderen

Zeiten, wie nachts mit der Taschenlampe unter der Bettdecke, in ihren Flügeln blätternd rastete.)

»Wo sind die ›Galgenlieder‹?« Kein ›Korf‹. Kein einziger Band der ›Ahnen‹.

›Wo bist du, Faust, des Stimme mir erklang?‹

Keine Balladen, oder was immer sie als Kind so liebte. Kein einziger Klassiker, nicht einmal der gelbledrige ›Casanova‹ hat überlebt. Und keins der von ihrer Tante in Ochsengallenpapier, buntmaserierten Umschlägen, handgebundenen Bücher und kleinen Hefte.

»Ist das alles?«

Die Bibliothek ihres Großvaters war nicht die einzige in der Stadt.

»Wo sind die Bilder?«

Er greift nach einem der feuchten, großformatigen Folianten im Gestell, schlägt einige Seiten dieser zu Jahrgängen gebundenen alten Zeitschriften auf: »Hier!«

Ein Schnauzbärtiger mit Hängebacken schaut sie aus dem Buch heraus an.

»Nein«, Anna schüttelt traurig den Kopf.

»Hier! Hier, hier und hier!« zeigt triumphierend der Direktor ihr das, was ihm gefällt, was ihn erfreut, einen um den anderen siegreichen Preußen, Generäle, deutsche Feldherren, für deren Überleben er, der Tscheche, gesorgt hatte, diese stolzen Visagen, Öldrucke von Feldherren des letzten, des vorletzten und des vorvorletzten Kriegs.

»Andere Bilder? Malerei?«

»Ne!« Sowas sei nur für Nichtsnutze, für Asoziale: »Tím se zabejvají jenom lenoši a asociálové.«

»Aquarelle, Ölbilder?«

»Die hab ich doch alle verbrannt! Berge von Büchern, ja, auch Bilder, das hab ich selber alles verbrannt, ganz allein, eine Mordsarbeit. Hier in diesem Ofen.«

Haß

»Der Haß des Direktors, der müßte Sie doch an Ähnliches erinnern, ist der Ihnen denn nicht allzu verständlich?« sagt der Kunsthistoriker, vierzehn Jahre nach diesem Museumsbesuch, während Annas zweiter Reise:
»Dem Mann bedeutet eine Bibliothek nichts, nein, weit schlimmer, für ihn, wie für unzählige andere Menschen, sind Bücher verdächtig, sofern es sich nicht um Sachbücher, um Technisches handelt, und wäre es Kriegstechnik; aber Literatur und auch die Bilder, Gemälde, sind für ihn und seinesgleichen überflüssig, sind der Inbegriff bürgerlichen Bildungsdünkels. Dieser Museumsdirektor betrachtet Kunst als unerschwinglich teures Hobby privilegierter Nichtsnutze, wie übrigens die meisten andern Museumsdirektoren im Land. Vor dem Wechsel. Doch sind viele von denen heute noch im Amt.«
Aber so habe man, laut Kunsthistoriker, zu dieser Zeit allgemein gedacht: »So hatte man zu denken.«
Triumphierender Haß: »Das alles hab ich eigenhändig verbrannt!« So als hätte der Mann damit, mit den Büchern und Bildern, auch den Feind, diese Privilegierten, dieses dekadente Bürgertum, den ganzen Abschaum endgültig vernichtet. Zur Belohnung sei er bei nächster Gelegenheit vom Hausmeister zum Direktor befördert worden, erzählt der Kunsthistoriker: »Genauso und fast gleichzeitig wie der hiesige kompetente und zudem kunstliebende Direktor zum Hausmeister degradiert wurde. Ja, hier im Museum unsrer Kreisstadt.«

Auch den hatte Anna auf ihrer ersten Reise kennengelernt; hat ihn auf der zweiten Reise in und um Olomouc gesucht, aber nicht wiedergefunden.

Sonntag. Mittags erst zur Roulotte heraufgekommen. Umständlich Kaffee gekocht, um ein wenig schneller zu heizen. Der Wagen ist bald voll Dampf, den ich hinauslüften müßte, was schwierig ist, denn es schneit. Vor mir im Fenster ein Weihnachtsbild: die Stämme auf meiner Seite weiß vom anklebenden Schnee, davor diagonal fallende Flocken.
April, April.

»Komm«, sagt ›mein lieber und vertrauter Mann, entsetzlieber...‹, meine *bessere Hälfte* ist die vierhundert Meter heraufgestiegen und sagt, kaum ist die Sonne untergegangen: »Wandern wir vom Wohnwagen noch ein Stück weit hinauf, heut ist Vollmond.«
Und so traversieren wir das Hochplateau bei schönstem Mondlicht, genießen die märchenhafte Beleuchtung auf der verschneiten Landschaft, machen noch einen großen Umweg über Nods und in Richtung Enges, links ein Reh, verhofft, wechselt langsam ein Stück weiter, verhofft. Wenige Meter danach paßt ein Fuchs auf Beute, der schnürt, als wir näher kommen, über die weißbeleuchtete Wiese davon und jagt dann weiter oben im Grau unter den Bäumen, noch gut kenntlich. Die Jurahöfe stehen als vereinzelte große Kuben an den verschneiten Hängen und in sanften Mulden, nur hier, nicht weit von der Straße, eine Häuserreihe von vier Gebäuden, dort eine kleine Häusergruppe. Wir wandern bis zum obersten Hof, weiter zum einsamen Schulhaus bei der Abzweigung, die in den Wald hinauf und zum Chaumont führt. ›Und im Hintergrund, da liegt – Fragnichtlang.‹
Unter und vor uns geht der Neuenburgersee nahtlos in den Himmel über, auf der unendlichen bleifarbigen Fläche liegt, in der Bucht von Préfargier, eine leuchtende, fast blendende Platte.
›Werweißwosiesee!‹

Wir kehren um und bemerken diesmal auf der andern Straßenseite im Mondlicht überdimensioniert wirkende Tiere, beim Näherkommen sind lange Löffel auszumachen: zwei Hasen, die sich im Zickzack durch den Schnee jagen.

V.

Eine Unwahrheit

»Mich erstaunt, daß Sie aus meinem Mann unbedingt einen von den Expressionisten beeinflußten, womöglich einen expressionistischen Maler machen wollen, während ich Ihnen auf alle Ihre diesbezüglichen Fragen unaufhörlich sage, daß er *diese* Malerei nicht liebte«, schreibt Jacqueline an den tschechischen Kunsthistoriker, der ihr seine Arbeit über Gregor geschickt hatte:
»Sie wollen ihn einer Tendenz einordnen, die vielleicht die Maler in Böhmen und Mähren stark beeinflußt hat, und ihn einer Bande zuordnen, à cette cohorte, qu'il a ignorée dès qu'il s'est détaché de ses premiers balbutiements.
Doch ist das eine Unwahrheit, die mich stört. Mir liegt nichts an einer neuen Vereinnahmung meines Mannes durch Ihr Land, wenn deren Preis die Verbindung mit einer von ihm verachteten Malerei ist.
1924 war er 19 Jahre alt. Er wollte Malerei studieren; sein Professor, Robert Sterl, war ein sehr liberaler Mann, der seine Schüler nicht beeinflußte. Kokoschka kannte er damals nicht, hat ihn erst viel später einmal zufällig getroffen. Er liebte Liebermann und Corinth, vor allem die Zeichnungen. Ich versichere Ihnen, daß ›die energische Zeichnung‹ (meines Mannes) nichts zu tun hat mit ›dem sozialen Protest‹ von Grosz, und das mit gutem Grund: erstens, wenn mein Mann arbeitete, vermischte er das Soziale nicht mit der Malerei; zweitens liebte er Grosz nicht«, schreibt Jacqueline dem tschechischen Kunsthistoriker: »Sie scheinen nicht verstanden zu haben, daß er kaum 21 Jahre alt war, als er 1926 in Paris ankam, und es war nicht nur, weil er sich in meine schönen Augen verliebte, daß Paris für ihn so wichtig wurde«, schreibt sie.
Das Licht der Île-de-France, die Schönheit der Stadt, der

Reichtum der Museen, das alles habe den Jungen auf Anhieb verführt. Doch noch mehr hätten es ihm die Maler angetan. Seduit par les peintres en activité, Maler, die sich Bonnard, Marquet, Vuillard, Puy, Braque, Gris nannten, damals alles noch keine Künstler für Museen. Um 1927, erinnere Jacqueline sich, habe Georges Besson versucht, eine Bildergalerie am Leben zu erhalten, rue Louis le Grand, en plein centre, zwei Schritt von der Oper, mitten in Paris. Dort habe er die Bilder ausgestellt, die er in den Ateliers seiner Freunde ausgesucht hatte.

»Ich habe dort den schönsten Bonnard meines Lebens gesehn. Doch kaum jemand war daran wirklich interessiert: er hat sehr bald wieder aufhören müssen. Nur Picasso und Matisse waren Maler *de premier plan* (dazu muß gesagt werden, daß die ihr Geschäft sehr gut verstanden), auch Vuillard wurde in bestimmten großbürgerlichen Kreisen hochgeschätzt, denn er war in den Händen eines sehr aktiven Händlers, wenn ihm auch seit Jahren keine so schönen Bilder mehr wie in seiner Jugend gelangen«, schreibt Jacqueline dem Kunsthistoriker: »*Das* sind die Zeitgenossen, die meinen Mann beeinflußten. Nicht Kokoschka, Pechstein, Beckmann, Dix, Grosz etc. Sie reden in bezug auf ihn von ›l'école de la réalité poetique‹, und ich weiß nicht recht, was das ist. Aber ich versichere Ihnen, daß eine Annäherung oder ein Vergleich der Malerei von Terechtovitch mit der meines Mannes zum Lachen ist.«

Und im nächsten Brief Jacquelines an denselben Kunsthistoriker: »Die Terrasse von Meudon und die Ufer der Seine sind schöne Orte, das Licht am Ufer der Seine in Paris ist sehr schön und wechselt oft. Das scheint mir Grund genug, und ich habe nie dran gedacht, meinen Mann zu fragen, warum er dies malte.

Hätten Sie Claude Monet gefragt, warum er so oft Heuhaufen oder das Portal der Kathedrale von Rouen malte? Er wäre erstaunt gewesen.«

»Ach, die schönen Künste! denen du dich, eben weil sie so schön sind oder weil du annimmst, daß sie schön seien, zuwendest, denen du huldigst als dem exquisit Schönen. Ja«, sagt Gregor, könnte er sagen: so altmodisch wie dieses Wort *huldigen* sei wohl im wesentlichen die allgemein übliche Kunstbetrachtung der meisten Laien, der allgemeine Kunstgenuß huldige dem Schönen als etwas Erhebendem, etwas Kostbarem, dem ermüdenden, wertlosen Alltäglichen entgegengesetzt.

»Oder aber du betrachtest die Kunst als nur Eingeweihten zugänglich, so als bedürfe es nicht so sehr deiner eigenen Auseinandersetzung, genauem Besehen und unermüdlichem Befragen, Hinterfragen des Gesehenen, sondern *höherer Weihen*, um in den *sublimen Genuß* zu gelangen, du vertraust kritiklos den Belehrungen der Fachleute«, wobei er an den damaligen Direktor des Pariser Musée d'Art Moderne erinnere, der den ihm liebsten *Matisse* zur Reproduktion aufs Titelblatt des Ausstellungskatalogs der großen Matisse-Ausstellung ausgesucht habe, doch glücklicherweise habe der damals noch lebende Matisse dieses für den *Matisse-Spezialisten* schönste, weil typischste Bild als Fälschung zurückweisen können.

»Du läßt dir also von einer Mafia sagen, was Kunst ist, was heute gerade gut und warum es gut und teuer und Kunst sei, läßt dich, um mitreden zu können, kindisch eifrig ins jeweils Neueste einführen. Um dann womöglich deinerseits wieder Unwissende zu belehren und in das einzuführen, was du gerade erst als Kunst zu betrachten gelernt hast«, sagt er, indem er sich von mir ab- und dem Präsidenten des hiesigen Kunstvereins zuwendet.

Man sollte umbringen, wer immer sich vor ein gläubiges Publikum erklärend und belehrend zu stellen wagt und durch fixe Interpretationen die persönliche Auseinandersetzung empfindlich stört, gar verunmöglicht.

»*Umbringen* soll man sie, wie auch die Feldherren, die Generäle, die uns nur neue Kriege bescheren!«

Bei aller Kunst handle es sich doch eigentlich ums Sehen, um die Wahrnehmung von bisher Unbeachtetem, Mißachtetem, Übersehenem. Ein neues Bild zeige also nicht so sehr oder nicht *nur* etwas Neues auf,
»es weist dich auch an, Altes neu zu betrachten, nicht nur alte Bilder neu zu sehn, auch und vor allem Alltägliches, woran du dich längst gewöhnt, dazu eine festgelegte Meinung erlangt hast, so daß es dir zu einem bestimmten Bild geronnen ist.«
Etwas wieder frisch, wie zum ersten Mal wahrzunehmen, eine alte Auffassung zu revidieren und so womöglich der Sache, einer Wahrheit, näherzukommen und damit vielleicht zu einer neuen Weltsicht zu gelangen, das sei, seiner Meinung nach, Kunst, *die* Kunst.

Unser Schauen werde, das wisse jede und jeder, von unzähligen, uns zum Teil unbewußten Faktoren bestimmt, Erfahrung, Erziehung, oder auch *nur* Glück:
»Indem du zum Beispiel in einem sehr günstigen Augenblick, äußerst aufnahmefähig, zum ersten Mal vor dem Isenheimer Altar stehst, so daß der Anblick dieser Tafeln einen Sturm von Gefühlen in dir auslöst: verführerischen Ekel zwischen St. Antons Dämonen, ängstliche Abwehr vor Marias zwar zögernder, am Ende doch stolzen Annahme der Verkündigung, du mitleidend, im wahren Sinn des Wortes, die Qual des Gekreuzigten erfährst, so wie Magdalenas auch deine eigene, händeringende Verzweiflung, Trauer, als handle es sich um Tod und Grablegung eines geliebten Bruders, und ungläubiges Erstaunen, Entsetzen angesichts des strahlend Auferstandenen. Kein Religionsunterricht hätte dir oder gar mir ungläubigem Thomas ein so intensives und nachhaltiges Erlebnis vermitteln können.
Der Maler ist längst tot, lebendig geblieben sind sein Erlebnis

von Licht und Schatten, Landschaft, Menschen, seine Phantasie, seine Ideen, Empfindsamkeit und Empfindlichkeit, du spürst ihn, sein Temperament, hier sichtbar vor dir: in den Schwingungen dieser Farben, der differenziertesten Lasuren, im Rhythmus der Linien, im Duktus des Pinselstrichs. Seine Erregung ist deine Erregung, ein von ihm vor vierhundertachtzig Jahren ganz neu erlebtes uraltes Drama ist in dir von neuem lebendig geworden.
Aber du hättest Pech haben und denselben Altartafeln übermüdet und frierend, auch nicht aus eigenem Antrieb, abweisend begegnen können: alles leblos, keine Gefühle vor diesem kunstvoll in alter Manier bemalten Holz.«
Ja, von solchen Werken könne man nicht nur lernen, sondern sich zu etwas Eigenem, zu etwas Neuem anregen lassen; doch auch bei allergrößter Bewunderung sei ein solches Werk nicht wiederholbar, es wäre selbst Meister Grünewald ein zweites Mal so nicht mehr gelungen.

Aber vielleicht, ja wahrscheinlich habe er das falsche Beispiel herangezogen: Das Erlebnis des Dargestellten, der verschiedenen Geschichten, sei doch nur eine von vielen Facetten, nur ein Einstieg. Es brauche keineswegs immer ein so bekanntes Drama zu sein, intensive Erlebnisse seien mit den verschiedensten Motiven, mit Stilleben, Landschaften, wie auch mit Ungegenständlichem möglich, Installationen, für einen bestimmten Ort und eine begrenzte Zeit erstellt, könnten zum Ereignis werden.

Nun gebe es allerdings viele, die sich auf diese Art, mit Kunst zu leben, sie zu erleben, so gut verstünden, daß sie gern und gut auf andre Erlebnisse verzichteten, unsinnigerweise, das könne er aus eigener Erfahrung sagen: So kenne er Emigranten, die, wohin es sie verschlage, sich mittels Kunst überall eine Heimat einrichteten, sich inmitten der geretteten Bilder geborgen zu Hause fühlten. Manche, meist ältere Leute, hätten sich allerdings hinter diesem angenehm Vertrauten derart

verschanzt, daß es ihnen nicht mehr gelinge, auf Unbekanntes, wie fremde Sitten und neue Lebensbedingungen, einzugehn. Er sei Maler, sagt mein Maler, und kein Sammler, und wenn er Bilder besäße, so würde er sie hinter einem Vorhang verstecken, um den Altbekannten hie und da begegnen zu können wie seltenen Besuchern.
»Ja, ich weiß«, sag ich, nein, ich laß es Anna sagen: Während ihrer Reise in die Tschechoslowakei habe sie Kunstliebhaber getroffen, aus der Hauptstadt weit weg in kleine Dörfer verbannte Regimekritiker, die hätten ihre Wohnungen mit Bildern tapeziert und sich völlig aus dem öffentlichen Leben auf diese Kunstsammlungen, ihre Gegenbilder, zurückgezogen. Unter anderem sei sie dort erstaunlich kühnen Arbeiten begegnet, von hierzulande unbekannten revolutionären Künstlern, die von ihren Zeitgenossen verkannt und im Land zur Zeit dieser Reise sogar verboten waren. Als könnte man Künstler *verbieten.*

Die Vieldeutigkeit der Bilder sei das, was ihn, Gregor, vor allem interessiere, der gemalten oder anders gestalteten, die man sowohl als rein künstlerisches Ereignis oder als geglückte Darstellung, Illustration, als auch im kunstgeschichtlichen Kontext betrachten könne. Nie habe sich ein bestimmtes Erlebnis wiederholt, er habe das im Gedächtnis weiterwirkende Bild bei neuen Besuchen nicht wiedergefunden und sei erschrocken, wie viel er das letzte Mal übersehen habe, so als wäre er partiell unempfindlich, gar blind gewesen, höre ich ihn, mein Vorbild, sagen.
Und genauso interessiere ihn die Vieldeutigkeit der *realen* Bilder. Er denke, nur als ein Beispiel, an eine Straße, eine Autobahn, nachts, starker Verkehr bei Regen:
»Stell dir alle Lichter vor, die entgegenkommenden weißen und die kleineren rot vor dir herfahrenden, intensiven Punkte, von der nassen Straße gespiegelt und langgezogen, verzerrt. Weiße und rote Lacken, Flecken und Punkte, die sich, als wären sie synchronisiert, in fast gleichem Tempo un-

unterbrochen bewegen, sehr schnell ihre Stellung und Form verändern: ein unglaublich vielfältiges wie auch vieldeutiges Bild, das du als Information aufnehmen oder genausogut als fabelhaft choreographiertes *happening* bewundern kannst.«
Und gerade erinnere er sich an seine äußerst ängstliche Mutter, die sonst zwanghaft alle möglichen Malheurs vorhergesehen habe, bei einer New Yorker Flughafenausfahrt angesichts genau so eines Bildes aber in Verzückung geraten sei:
»›Schau, wie wunderschön, schau!‹ ohne zu bedenken, wie gefährlich diese tatsächlich faszinierende Schönheit ist, tödlich, wenn du dich ihr, am Steuer sitzend, völlig überläßt und nur für einen Augenblick vergißt, sie auch praktisch zu deuten als auf dich zurasende oder ausweichende, einander überholende, vor dir wegfahrende oder eine Kurve verfolgende Autos. Und derartige Erscheinungen, die dich, deine Augen attackieren, durch die Augen Gemüt und Verstand aufs vielfältigste ansprechen, gibt es sehr viel mehr als vermutet, nur nimmst du sie meist kaum oder nur in einer einzigen ihrer vielen Bedeutungen wahr, ohne dir ihrer Wirkung bewußt zu werden.
Wie sind nun aber die Wege vom Auge zum Gemüt, zum Verstand und vom Verstand, vom Gefühl zur gestaltenden Hand?« lasse ich ihn, den vor vierzig Jahren Verstorbenen, der weder *happenings* noch *Installationen* und auch den Kennedy Airport nicht kannte, und so manches, was ich ihm in den Mund lege, nicht oder anders gesagt hätte, doch noch sagen:
»Schließlich bin ich Maler, und es handelt sich weniger darum, meine Erkenntnisse zum Wort zu bringen, als sie sichtbar werden zu lassen. Erkenntnis ist übrigens nicht das richtige Wort. Natürlich mache ich mir Gedanken zu meiner Arbeit. Es gibt der gedankenlos malenden Affen schon mehr als genug. Am Ende kommt es aber einzig aufs Sichtbarmachen an. Wenn dies nicht gelingt, wenn meine Arbeit dir, einer aufmerksamen und geduldigen, empfindsamen Betrachterin, nur durch lange und komplizierte Erklärungen zu-

gänglich wäre, so wäre mein Werk mißglückt, keine Kunst. Wenn nur die eitlen Künstler sich nicht selbst interpretierten! Nur keine Eigeninterpretationen, als wüßte man immer genau, was man macht, Irrtum!« hat er gesagt, ich erinnere mich genau.

Mein Bild von K. G.

Ist es zu Gregor, zu einer Figur geworden? Etwas ganz anderes geworden als das, was mir K. G. bedeutet, ohne Beschreibung, was er mir in den langen Jahren, in denen ich nicht versucht habe, ihn darzustellen, bedeutete. Als ob das überhaupt möglich wäre, ihn darzustellen. Sich ein Bild machen von einer einst lebendigen, in der Erinnerung weiterlebenden Person. »Werdet um Gottes willen keine Künstler!« Alle Gefühle, die mit K. G. zusammenhängen, die Vorstellung von ihm während seiner Abwesenheit, die Erinnerungen: Bruchstücke, für Momente beisammen, ich versteh ihn, vielleicht, er versteht mich, immer wieder stimmen wir überein. Aber: »Werdet um Gottes Willen nur ja keine Künstler!«

Und die bösen, überwältigenden Gefühle bei seinem Tod. Dann komm ich auf die Idee zu versuchen, ihn oder jemanden wie ihn darzustellen: Ein etwas umständlicher Vierzigjähriger, unlängst im Zug, der seine runden Brillengläser putzte und dabei wie blind vor sich hinsah, von neuem die kleinen runden Gläser an seiner Hemdbrust polierte und, gedankenverloren, auch mit Brille weder mich, sein Gegenüber, noch die vorbeiziehende Landschaft wahrnahm.
›Wissen Sie, ... welche Bedeutung diese Aufnahme des einen Menschen in die Seele des anderen im Schicksal dieses Menschen haben kann? Hierbei ist ja das ganze Leben mit seinen zahllosen und verborgenen Verzweigungen mit im Spiel.‹
Und jetzt fürcht ich, mein lieber Held könnte mir verloren-

gehn und eine künstliche Figur an seine, K. G.s, Stelle treten, meine Gedanken könnten weniger *ihn* meinen als die *Arbeit*, die Mühe, einen wie ihn herzustellen.

September 1938

Nach der Ankunft in Paris wollte Gregor auf dem tschechoslowakischen Konsulat seinen Paß verlängern lassen. Das wurde ihm verweigert: Er sei schließlich Deutscher, solle sich an das deutsche Konsulat wenden. Da er aber keinerlei Lust verspürte, Deutscher zu werden, suchte er auf der Pariser *Préfecture de police* um einen Nansen-Paß für Staatenlose an.

»Es ist mir unangenehm«, schreibt Jacqueline dem Kunsthistoriker nach Olomouc, »daß Sie in Ihrem Artikel zu verstehen geben, unsre definitive Rückkehr nach Paris 1938 sei unumgänglich geworden, weil ich Jüdin bin. Denn jüdisch oder nicht, wären wir fortgegangen. Doch war ich mit meinem französischen Paß weit weniger gefährdet als mein *arischer* Mann, dessen politische Überzeugung bekannt und der bei seinen Kompatrioten wegen seiner Antinazi-Gesinnung verrufen war. Er hatte keine Lust, Deutscher zu werden, und im Fall eines Krieges wollten wir in Frankreich sein. Warum verschweigen Sie, daß er den Nansen-Paß nur brauchte, weil er keine Verlängerung seines tschechoslowakischen Passes bekam, vom selben tschechischen Konsulat verweigert, von dem er dann nur wenige Monate später das Aufgebot in die tschechoslowakische Armee erhielt?«

Jacqueline begann als Übersetzerin für einen Kunstverlag zu arbeiten.

In einem Pariser Café sitzen zwei Männer beim Schach, und um sie herum kiebitzen andere: »Der Kerl spielt verflucht gut«, sagt einer der Umstehenden, jiddisch.
»Spielt sehr gut, aber sein dauerndes Gefiepse geht mir schrecklich auf die Nerven«, klagt Gregors Partner.
»Warum sagen Sie es mir dann nicht, ich kann auch spielen, ohne zu fiepsen«, erwidert Gregor, deutsch.
»Ist ein Jud und sagt's nicht!«
So als könnten nur Juden Jiddisch verstehen.

Fluchtstationen

In einem andern Brief beschreibt Jacqueline ihre Fluchtstationen im Krieg.

Ich habe Anna an manche dieser Stationen geschickt. Auch nach Bayonne, als besonders schöne Stadt ein beliebtes touristisches Reiseziel.

Wie unwirklich müssen Gregor und Jacqueline damals die Empfehlungen und geschichtlichen Anekdoten des Guide Michelin erschienen sein, bedeutungslos, Bedeutung hatte das, was grade in Frankreich geschah:
Wo stehen die Deutschen, in welche Richtung bewegen sie sich weiter, wann werden sie auch diese Gegend, diese Stadt besetzen?

»Der tschechoslowakischen Armee erging es nicht besser als den andern, kaum hatte sie die Front an der Loire erreicht, wurde sie zerstreut. Mein Mann fand sich bei marokkanischen Mitrailleuren wieder. ›Die Marokkaner kämpften weiter‹, erzählte er mir, ›und die haben mich nicht gefragt, ob ich nun Sudetendeutscher oder Tscheche sei, um mir zu gestatten, mit ihnen zu kämpfen.‹«

Das Debakel nahm seinen Lauf, und er gelangte, kurz vor der Ankunft der deutschen Truppen, nach Bayonne, meldete sich in einer französischen Kaserne und erklärte dort, daß die Deutschen, wenn sie ihn erwischten, ihn sofort füsilieren würden. Ein französischer Leutnant verschaffte ihm seine ersten falschen Papiere, und mit der Identität eines Roger Charles erreichte er Pau in der noch nicht besetzten Zone.

Unglücklicherweise nahm ihm dort ein überängstlicher Oberst die Papiere wieder ab und schickte ihn nach Agde zurück. Jacqueline folgte ihm dorthin. Im August wurde er aus der Armee entlassen.

Jacqueline hatte eine fiktive Adresse angegeben, die eines *répondant* in Toulouse, aber tatsächlich wußten sie nicht, wohin sie gehen sollten.

Bis zu dem Tag, an dem man die tschechoslowakische Armee in Tschechen, Slowaken und Juden aufteilte.

Gregor war weder das eine noch das andre.

»Ich muß bezeugen«, scheibt Jacqueline nach Olomouc, »daß in dieser eigenartigen Armee, in der sogar zwei Verrückte waren, es außer meinem Mann keinen einzigen arischen Sudetendeutschen gab.«

Sie beschlossen also, die Armee hinter sich zu lassen und nach Marseille zu fahren, wiederum an eine fiktive Adresse. »Beiliegend das Demobilisationspapier, datiert vom 10. August und vom 11. September, dem Datum unserer Abreise.«

Sie hofften, daß es ihnen gelingen würde, von Marseille nach Nordafrika zu gelangen.

»Unmöglich, auch nur eine Idee von dem Chaos zu vermitteln, von der verzweifelten Menge, die die Konsulate bestürmte«, schreibt Jacqueline.

Der Widerstand, der ununterbrochen aufgebracht werden muß, die Energie, die man ununterbrochen aufbringen sollte, um den Untergang aufzuhalten, das Chaos in Grenzen zu halten.

»Mein Mann, der fließend Tschechisch gelernt hatte, machte sich nun daran, von den republikanischen Flüchtlingen, die auf ihre mexikanischen Visa warten mußten, Spanisch zu lernen. Er hatte eine unglaubliche Sprachbegabung«, schreibt Jacqueline: »Später war er eine Zeitlang Englischlehrer an einem Jesuitenkolleg in Avignon, dabei hatte er erst 1938 von einer meiner Freundinnen, *retraitée* der indischen Armee, Englisch gelernt.«

Jacqueline fand Arbeit; doch konnten sie sich nur sehr schlecht durchbringen, ständig bedrängt von den verschiedensten Verordnungen der Polizei, täglich neuen, sich widersprechenden Anordnungen. Für amerikanische und verschiedene andere Organisationen verteilte Gregor Lebensmittel in den Lagern. Es gab deren sehr viele, aller Art Flüchtlinge waren dort untergebracht, die hungerten und froren.

»Wir haben uns auch sehr für die Tschechen eingesetzt, die vor dem Debakel über eine *filière*, wahrscheinlich über Rumänien, eingetroffen waren, um zu kämpfen, sich der Armee in Agde anzuschließen. Die konnten kein Französisch und mußten sich nun sowohl vor der französischen wie auch vor der deutschen Polizei verdrücken. Ohne Papiere und folglich ohne Lebensmittelkarten. Man mußte sie logieren, man mußte sie ernähren. Mein Mann besorgte die Übersetzungen, bénévolement bien sur«, schreibt Jacqueline, ärgerlich, weil sie die Übersetzung dieses Briefes bezahlen muß: »Er übersetzte, was er konnte, besorgte, gratis, die Übersetzungen für alle amerikanischen oder mexikanischen Visa.«

Sie blieben so lange in Marseille, bis nach der Landung der Amerikaner in Nordafrika, am 9. November 1942, ganz Frankreich besetzt wurde.

Gregor, der seit 1940 in Paris von den Deutschen gesucht worden war, wurde nun, nach deren Einmarsch in Marseille, auch hier verfolgt.

»Wir haben nicht lange gezögert unterzutauchen, zuerst bei Protestanten, später bei Leuten, die wir kaum kannten, in Salon de Provence. Ich habe erwähnt, daß ich aus einer jüdischen Familie stamme, *non praticante*«, schreibt Jacqueline, »habe mich aber nie als solche verstanden. Ich bin eher vom meridionalen als vom jüdischen Typ.

Mit einem alten Verwandten, einem Graveur, machte ich mich an die Fabrikation falscher Papiere; das funktionierte sehr gut. Schwieriger waren manchmal die Lebensmittelkarten. Doch gelang es immer wieder, wenn nötig, Hilfe zu finden.«

»Gravieren solltest du lernen«,

hat Gregor später, beim ersten Wiedersehn in Zürich, seiner Nichte empfohlen. Wenn Anna nun unbedingt eine Kunstschule besuchen wolle, wovon er allerdings abrate, sollte, müßte sie gravieren lernen: »Ohne Jacquelines Onkel, der mir gefälschte Papiere besorgen und die nötigen Stempel gravieren konnte, hätten wir uns nie wiedergesehn.«

Und er beschrieb ihr genau, wie das gemacht wird: »Paß auf, das wirst du auch einmal brauchen. Du kopierst, das heißt, du gravierst den benötigten Stempel in ein Stück Kupfer oder zur Not in irgendein Blech, dann drückst du auf die je nach Vorbild blau, schwarz, rot oder grün eingefärbte Gravur ein Zigarettenpapier und das wiederum, die Farbe muß halbwegs feucht sein, auf den Ausweis.«

›Was ist's, das geschehen ist? Eben das hernach geschehen wird. Was ist's, das man getan hat? Eben das man hernach wieder tun wird.‹

In Salon de Provence verbrachten sie den Winter 1942-1943. Im März 1943 fand Jacqueline Arbeit in Villeneuve-les-Avignon. Gleichzeitig wechselte Gregor erneut die Identität, Richard Gouffet war der Name, den er bis zum Kriegsende beibehielt.
»Es gibt noch einige Bilder, so signiert.«

Stell dir vor, nein, stell dir gar nicht erst vor, wie es Gregor zumute gewesen sein mag an den verschiedenen Orten, damals. Die Spannung, Angst, von den deutschen Okkupanten aufgegriffen zu werden.
Aber ist diese Spannung nicht auch ein Motor? Er will überleben, zumindest nicht durch sie, durch diese Typen, zugrunde gerichtet werden. Die seine eigene Sprache sprechen,
»aber wie! Wie die unsre Sprache versauen! So wie es aus den Lautsprechern auf die Straße dröhnt. Aus dem Radio bellt. Diese Spürhunde, Bluthunde, die sollen mich nicht erwischen.«

Von Zeit zu Zeit fuhr er nach Villeneuve, um Jacqueline zu besuchen, die von der Besitzerin einer alten Abtei aufgenommen worden war. »La belle ancienne Abbaye qui domine le Rhone. Deren Besitzerin war ein altes elsässisches Fräulein, das ohne jedes Vorurteil schließlich auch meinen *Freund* aufnahm, Richard Gouffet, der Maler war und mit Dingen beschäftigt, die ihn zwangen, von Zeit zu Zeit zu verschwinden.«

Im Winter saß das alte Fräulein an einem der riesigen Kamine, direkt neben dem Feuer. Sie liebte die beiden, die sie nun schon gut kannte. Jacqueline ist Pariserin, stimmt, aber aus Soleure, wie er behauptet, aus Solothurn stammt Richard Gouffet sicher nicht, das kann die Elsässerin hören, weder sein Französisch noch sein Deutsch tönen schweizerisch: »Sie sind auch kein Volksschullehrer.«

»Als dann die Deutschen ankündigten, sie würden jeden füsilieren, der eine verdächtige Person, einen Verfolgten versteckt, haben wir der alten Dame die Wahrheit gesagt«, schreibt Jacqueline: »Sie war bezaubert von der Idee, mit uns erschossen zu werden.«

Die Spannung, Angst, in eine Razzia zu geraten.
Und tödliche Müdigkeit bei jeder Entspannung.
»Unvermutet spielst du Räuber und Gendarm, ja, aber wie. Mit welchem Einsatz!«

Doch Anna sollte sich einmal Solothurn anschauen, das er, Gregor, zwar nur aus dem Guide Michelin kenne, das müsse eine wunderschöne Stadt sein.
Als Richard Gouffet war er Solothurner und hätte, wäre er gefaßt worden, diese Stadt kennen müssen, habe also Kirchen und Palais, Straßennamen und Haus um Haus sozusagen auswendig gelernt: »Solothurn muß wirklich sehr schön sein!«

»Ça a été une période de répit et de félicité, inmitten einer Gruppe kultivierter Menschen, *résistants*, die bald sehr liebe Freunde wurden. Jedermann zerbrach sich den Kopf, wie man meinen Mann mit Leinwand, mit Farben und Terpentin versorgen könnte, und so hat er wieder zu malen angefangen«, schreibt Jacqueline dem Kunsthistoriker: »Bis 1945 hat er sehr viel gearbeitet. Die Landschaft ist von unglaublicher Schönheit.«

Die Aussicht von der auf einem Felsen hoch über der Rhone thronenden alten Abbaye. Vis-à-vis, auf gleicher Höhe, der Palais des Papes. Die Provence ist von unglaublicher Schönheit, auch der Park der Abbaye, den Gregor oft gemalt hat:

geometrische, von Iris eingefaßte Blumenbeete, alte Rosen und vor dem südlichen Himmel Bäume in voller Blüte, arbres de judée.

Du mußt unbedingt die verblühten Rosen schneiden

hör ich den Großvater: »Schau, ein Teil der neuen Triebe ist von Mehltau befallen.«

»In Frankreich, zumindest im Bordelais«, erzählte Gregor, vor langem (war er dort während des Kriegs oder kannte er die Region vielleicht aus besseren Zeiten?), »in der Gegend um St. Emilion sieht man vor den Herrenhäusern der Weingüter prächtige Rosen, vor jeder Zeile der Weinstöcke einen großblütigen Rosenstock.«
»Zur Zierde?«
»Ja. Aber vor allem aus praktischen Gründen pflanzt man hochgezüchtete Rosen neben den Wein. Sie sind äußerst empfindlich, werden vor dem Wein von Ungeziefer und Mehltau befallen, und so wird erst dann der Weinstock gespritzt, wenn die Rosentriebe anfangen, sich weiß zu verpelzen.«

Ich sollte unbedingt die verblühten Rosen, zumindest die weißverpelzten Triebe abschneiden. Gleichzeitig will ich meine Arbeit weiterführen. (Ich werde, wenn ich groß bin, Malerin sein: mein Versprechen hab' ich gehalten.
Werdet um Gottes Willen nur keine Künstler! Aber Gregor, sowas kann man doch gar nicht *werden*, nur *sein*.)

»Nur geht es dir an Schubkraft völlig ab!« meint die Großmutter, wenn sie mich im Gras liegend ertappt: »Du wirst alles nur beim Planen lassen, ›es sind alle Dinge so voll Mühe, daß es niemand ausreden kann‹, du denkst ja wie der Großvater immer nur an deine Gartenpläne. Und die führst du auch

meistens aus, während die Arbeitspläne weiterhin schöne Pläne bleiben.« Sie sitzt strickend neben mir, unter den Nadeln wächst langsam ein Ärmel, und auf dem Gartentisch ausgebreitet liegen Rücken- und Vorderteile des kleinen Pullovers für eins meiner Kinder.
Nein, meine Enkel hat Großmama nicht mehr erlebt, deren schöngemusterte Pullover strickt, auf einem andern Kontinent, meine Mutter.

›Also geht es mir an Schubkraft völlig ab, also ist mir das Schreiben vollends aus der Gewohnheit geraten‹, hab' ich bei der Mayröcker gelesen und dachte dabei unwillkürlich, das ist ja gerade so, wie es mir selber vollends abhanden gekommen ist.
Auch ist mir über den Frühling, über den Sommer hin, über aller Gartenarbeit das Geschichtenerfinden, selbst das Notieren alter Geschichten vollends aus der Gewohnheit geraten, nämlich das Verfolgen jeglichen Arbeitsantriebes. Und wär es nur das Schneiden der Sträucher, es sind alle Dinge so voll Mühe, auch nur das fortzuführen, was ich gestern begonnen habe, den verblühten Flieder stark einzukürzen. Eben was man hernach wieder tun wird; und geschieht nichts Neues unter der Sonne.

Die Samenkapseln sind schon dick, etwas spät, bereits zu spät zum Stutzen. Und hab' doch Tag für Tag hinauf ins lila, hell- und dunkellila blühende, dann ins verblühende, stark duftende Gestrüpp geschaut, das Auge sieht sich nimmer satt: Aber heuer darf ich den richtigen Zeitpunkt nicht verpassen, wenn ich will, daß der Flieder nächstes Jahr schön blüht.
›Nein, das Verfolgen eines Arbeitsantriebes ist meine Stärke nicht‹, meint die Mayröcker und legt sich neben mich ins Gras, oder ich lege ihr Buch neben mich ins Gras: Denn auch ein Antrieb müsse gepflegt, geübt, verfolgt werden. Wende man ihm keine Pflege, keine Hinneigung, keine Zeit, keine Liebe zu, sei es um ihn geschehen, verkümmere er kläglich,

sei nur noch ein Relikt, eine Erinnerung an einmal möglich Gewesenes und nun ganz unmöglich Gewordenes, nicht wahr, Anna, von einer anderen formuliert, so als wärs auf mich gemünzt.

Oktober 1945

»Im Oktober 1945 kamen wir nach Paris zurück«, schreibt Jacqueline, »dank einem Freund, der uns sein Atelier zur Verfügung stellte. Nachdem der erste Anlauf mißglückt war, unternahm mein Mann einen weiteren Versuch, seinen Eltern zu helfen und seine in der ČSR zurückgelassenen Bilder zu retten, indem er sich an einen tschechischen Kollegen wandte, der sich in Paris grade großer Publizität erfreute, ich glaube, mich zu erinnern, daß es sich um S. handelte: qui l'a envoyé promener, der schickte ihn weg, zum Teufel«, schreibt Jacqueline dem tschechischen Kunsthistoriker.

»Ich habe endlich eine mir entsprechende Arbeit finden können und die dann während fast vierzig Jahren behalten. Mein Mann war von jeher ungewöhnlich nervös und brauchte nun Ruhe zum Malen.

Das war nicht immer so einfach.

Nun war die Reihe an den andern tschechoslowakischen Flüchtlingen, um Unterstützung zu bitten. Die kamen, auf ihrem Weg nach England oder in die Staaten und wenn sie auf ihre Visa warten mußten, uns um Hilfe zu bitten.

Und es kamen auch meine Verwandten aus Indochina, die japanische Lager überlebt hatten.

Wir hatten nichts mehr, weder Kleider (unsre Koffer waren bei der Ankunft in Paris gestohlen worden) noch Geld. Das Leben in einem Land, das so lange und so gründlich von den Deutschen geplündert worden war, erwies sich noch jahrelang als äußerst schwierig.«

Gregor schaut aus dem Fenster

Er ist von der Staffelei, auf der die Aussicht aus diesem Fenster neu entsteht, weggetreten, stützt sich aufs Fensterbrett und schaut hinaus über die Dächer, die Sheds von Renault. Weit hinten spiegelt ein winziges Stückchen Seine die Abendsonne.

»Wir mußten natürlich das Atelier zurückgeben, als unser Freund wieder nach Paris kommen wollte, und nur selten konnte mein Mann von der Abwesenheit eines anderen Kollegen profitieren und dessen Atelier benützen, denn in keiner der Dachkammern, die wir in dieser Zeit bewohnten, war an Malen zu denken«, schreibt Jacqueline an den Kunsthistoriker: »Ende 1947 fanden wir dann ein Appartement in Boulogne-Billancourt (Paris).«

Es war dieses Haus, eins der westlichen Mansardenfenster. Kaum zu glauben, der alte Block steht noch, nur ein wenig renoviert, in einer zur Unkenntlichkeit veränderten Gegend. Bauarbeiter haben die Türen im Durchgang zum Hof offenstehn lassen; Anna schaut den Stiegenfenstern nach die Fassade hinauf und versucht, den Gang zuoberst wiederzufinden, erinnert den leichten Gasgeruch in der schmalen Küche, in der ihr Faltbett nachts aufgeschlagen wurde; das Wohn- und Schlafzimmer, das auch Gregors Atelier war, ein großes Fenster und das Bild auf die Dächer, die Autofabrik, den Höhenzug von St. Cloud.

Das, was ich hier vor Augen habe, und das, was ich draus machen will.
Der tägliche Versuch, Tag für Tag neu und riskant: Vielleicht gelingt es, vielleicht aber kann ich nichts, gelingt wieder nichts, und ich kann so wenig dazutun, wahrscheinlich nichts

dazutun, ob etwas gelingt oder nicht. Zum Verzweifeln, wenn ich, was ich bis jetzt zustande gebracht habe, mit dem vergleiche, was ich vor mir sehe:

›Weit besser hätt ich doch mein Weniges verpraßt,
als mit dem Wenigen belastet hier zu schwitzen!‹

Das treibt ihn fort, hinunter, fünf, sechs Stockwerke runter und raus und über die Porte de St. Cloud hinüber zum Markt.

Werde um Gottes willen kein Künstler!

Den weiten Platz konnte man vor vierzig Jahren noch ohne Unterführung gut zu Fuß überqueren.

Reden

Lust zu reden mit allen, mit fast allen.

›Oft kann ein Mann, der anhebt zu reden, nicht mehr aufhören, er werde denn unterbrochen.‹

Allein, tagelang allein vor der Staffelei, malend, denkend, schauend, mit dem Pinsel vor dem Bild, zwischen all den Bildern, die in Paris nur einmal, dann nie wieder ausgestellt werden, die folglich nur seine Frau sieht, die sonst kaum jemand sehen wird.

Er schweigt und schaut stundenlang zum Fenster hinaus, ohne zu merken, was um ihn herum geschieht, Gregor, mein Held. Schweigt. Oder redet er mit sich selbst? Er führt doch nicht etwa tagelang Selbstgespräche?

Nein, schweigend malt er, überlegt sich, was er da tagein tagaus macht, denkt, ›der Mut, die Entschlossenheit, die Zuversicht, die Freude an dem und jenem halten nicht bis zum Ende aus‹, und was soll das, was ich da schaffe, wie sinnvoll ist das, was ich Tag für Tag so vor mich hin male; was ich nur Jacqueline zeige, niemandem sonst, was ich mit niemandem, außer mit Jacqueline, wenn sie abends müde von der Arbeit kommt,

besprechen kann. ›Was hat der Mensch für Gewinn von all seiner Mühe.‹
Dann, ist er endlich einmal außer Haus, läuft alles Zurückgehaltene über, unter Menschen, bei seinen Freunden, quillt alles stillschweigend Gedachte, Überlegte heraus, kann Gregor nicht anders als reden, erzählen, berichten.

Diese unüberwindbare Lust zu reden. Nicht nur von den bis dahin verschwiegenen Gedanken, er kann sich der Assoziationen kaum mehr erwehren, erliegt dem Zwang, die auftauchenden Gedanken anzubringen, laut werden zu lassen. Aussprechen, statt etwas für sich zu behalten und reifen zu lassen oder es ungesagt zu vergessen. Beim Reden erst das Erlebte sich aneignen, um gewiß zu sein, gelebt zu haben, wirklich zu leben, aussprechen, was immer aufkommt: »Schau, diese Beleuchtung!«
Mit Begeisterung reden.
»Solltest du je einmal nach Prag kommen, einmal wird die Politik sich dort ändern, irgendwann wird es doch wieder möglich sein hinzufahren, so schau dir unbedingt auch die Loreta an!«
Er konnte die Kirche aus seiner Erinnerung hervorholen, unter und gegenüber dem mächtigen Černínpalais eine zauberhaft leichte Erscheinung, schwarz die barocken Figuren vor der hellen Fassade, die einzelnen Bilder im Kreuzgang, an dessen Ecken Kapelle um Kapelle vor Annas Augen liebevoll aufbauen.

Aber oft kann ein Mann, der anhebt zu reden, nicht mehr aufhören, selbst dann, wenn er merkt, daß er längst schweigen sollte.
Als wäre alles, was nicht auszusprechen, nicht aufzuzeichnen, darzustellen gelingt, nie gewesen, und wäre nicht nur für ihn, Gregor, sondern auch für mich und alle Welt verloren.

Türkischer Traum

Nein, es stimme nicht, daß einem Depressiven nicht zu helfen sei, daß er, so wie Gregor, immer wieder in die unerträglichen, für die Betroffenen unerträglichen und auch für die Danebenstehenden äußerst schwer erträglichen Zustände zurückfalle. Jacqueline, die im Traum mit mir spricht, habe einem guten Freund helfen können, und das sogar definitiv. »Wunderbar«, sag ich, und da ich diesen Freund von klein auf kenne und mich an ausführliche Gespräche mit ihm, Gespräche über Frankreich und Eigenheiten der französischen Sprache, erinnere, möcht ich ihn gerne daraufhin ansprechen, ihn wiedersehn. Das versucht nun aber Jacqueline, die behauptet, ihn geheilt zu haben, zu verhindern.
Mißverständnisse, was Gregor betrifft, so als hätte ich, nur um mich wichtig zu machen, mit seiner und somit auch meiner eigenen Verzweiflung von ihm und seinen Zuständen gesprochen, wie von einer Sensation gesprochen. Und ich schwöre mir, verspreche im Traum, nie mehr etwas von dem Malheur verlauten zu lassen.

Denn nun komm ich auch seinetwegen vor Gericht, wenn es mir nicht gelingt, die Papiere zu finden, die Gregors und meine Unschuld beweisen.
Unschuld? Schuld?
Ich vermute, daß es sich um die Arbeit handelt, denn geht dabei nicht, aller Bemühung zum Trotz, immer wieder mal etwas daneben?
Nein, das sei es nicht: Malerei oder Literatur sei keine Medizin, nicht Therapie, Kunst lasse sich auch nicht erzwingen. *Werdet um Gottes willen keine Künstler!*
Also fahrlässige Tötung, Mord: ich hätte aufmerksamer sein können?
Nein, auch darum handle es sich nicht, Selbstmord sei in manchen Fällen nicht zu verhindern.
Das Delikt scheint illegale Grenzüberschreitung oder ge-

fälschte Papiere zu betreffen, und ich werde offenbar verdächtigt, in die Geschichte verwickelt zu sein.

Das spielt jetzt plötzlich, statt in Frankreich oder Mähren, in der Türkei, einem Land, in das ich, trotz der dort herrschenden Willkür und Gewalt, nach einer ersten, viel zu kurzen Reise gerne noch einmal gefahren wäre. Das Gericht hat mich in einen weit entfernten Landesteil beordert, ich sollte die Polizei an einem bestimmten, mir unbekannten Ort treffen.
Also nehm ich auf gut Glück, da ich die Landessprache nicht spreche, kein Wort verstehe, ist es unmöglich, Auskunft zu erhalten, am nächstgelegenen Bahnhof zögernd den Zug, der bald einmal einen Fluß und uralten Orten entlangfährt, von denen mir einige wenige bekannt zu sein scheinen. Aber beim Vorbeisausen ist Genaueres nicht zu erkennen; ich hoffe, ich fahre tatsächlich in die richtige Richtung. Obwohl ich mir auch in dieser Hinsicht, ob ich nun nach Osten oder nach Westen reisen muß, nicht sicher bin.
Der Waggon ist voll besetzt, doch sagt mir ein mitreisender Tourist, das sei nichts im Vergleich mit den östlichen Landesteilen: »Sie werden sehn, erst dort sind die Züge wirklich überfüllt. Oft ist es unmöglich, in einen Zug überhaupt hineinzukommen.«
»Ich hatte Glück und hab immerhin Platz gefunden.«

Während er redet, seh ich überfüllte Züge vor mir, Menschen, viel zu viele, die am Bahnsteig sich drängen, nachrükken und mit Kindern, Tieren, mit Koffern und riesigen Bündeln und Paketen sich durch zu enge Waggontüren drücken, sich durchzuquetschen versuchen; am Ende, bei der Abfahrt zurückgestoßen, massenhaft abgedrängt werden oder aber in Trauben sich auf den Trittbrettern zu halten suchen und aus den Fenstern hängen, einer am andern festgeklammert, und auch auf den Waggondächern balancieren besonders Kühne. Den meisten gelingt das nur kurz.
Nichts für mich.

Sollte ich also brav zu Hause bleiben? Keine Ausflüge ins Unbekannte mehr wagen, den alten Traum vergessen. Auch kein zweites Mal in das Land, wie ich mir doch längst erhofft habe, da ich dort tatsächlich einige sehr schöne Orte kenne; nur nicht in dieses düstere Land, das ich im Traum probeweise Türkei nenne. Warum in die Türkei? Wollte ich nicht längst an Gregors Orte fahren?
Keine kühnen Auf- und Ausbrüche mehr. Du wirst dich doch nicht am fahrenden Zug oder an den andern halten, die dasselbe wie du im Sinn haben, dich, selbst wenn du das wolltest, nicht fest genug anklammern, geschweige denn bei der rasenden Fahrt auf dem abschüssig runden Dach balancieren können.

Drei Kontrolleure, vielleicht sind es auch als Bahnbeamte verkleidete Polizisten, verlangen jetzt meine Papiere. Sie stehen drohend einer neben dem andern, umzingeln mich, während ich mühsam, nervös und des Mißerfolgs bereits gewiß, Zettel um Zettelchen aus meiner verwirrend vielfältig unterteilten Tasche und aus den verschiedenen Seitentaschen des Rucksacks krame: Rechnungen, Benzin- und andre Quittungen, Bahn-, Tram- und Metrobilletts, alte Museums-, Theater-, Kino- und Konzerteintrittskarten, ein großes Bündel kleiner und winziger Zettel. Aber in all dem Papierzeug finde ich nicht das, was man von mir verlangt.
Alle dringend nötigen Quittungen sind verloren.
Wie entgehe ich den Verkleideten, diesen Häschern? Keine Unschuld. Nichts zu beweisen. Wie komm ich zu einem Gericht? Gibt es überhaupt ein gerechtes Gericht? Hoffentlich beweg ich mich in die richtige Richtung. Obwohl ich mir auch in dieser Hinsicht nicht so sicher bin.
»Aber wann wärst du dir über den Weg, den du einschlagen wolltest oder solltest, sicher gewesen?«
Es gibt so viele Richtungen, so viele Möglichkeiten, und ein Weg lenkt von einem andern Weg ab.

VI.

Die Großeltern, hinkend

Ich denke, oder denkt Anna an die Vertreibung der Großeltern aus ihrem Haus?
Nachdem die dort einquartierten Flüchtlinge weitergeflohen waren (überfüllte Militärlastwagen, überfüllte Züge, aufgeregte Menschen, die am Bahnsteig sich drängen, nachrücken und mit Kindern, mit Koffern und riesigen Bündeln sich durch Waggontüren drücken, sich durchzuquetschen versuchen, am Ende, bei der Abfahrt zurückgestoßen, massenhaft abgedrängt werden, in Trauben sich auf den Trittbrettern zu halten suchen und aus den Fenstern hängen, und auch auf den Waggondächern balancieren einige), nachdem die schlesischen Flüchtlinge fluchtartig das großelterliche Haus verlassen hatten, fanden tschechische Plünderer in deren hinterlassenem Gepäck Hakenkreuzwimpel, Parteiabzeichen und Führerbilder, alles, was den Fliehenden hätte lebensgefährlich werden können.
Und das wurde jetzt den beiden im Haus gebliebenen Alten angelastet.
Die hatten bangend auf Gregor gewartet, ihren nun hoffentlich bald aus Frankreich heimkehrenden Sohn, hatten auf seine Hilfe gehofft.

Er war so schnell wie möglich aus Südfrankreich nach Paris gereist, um vom tschechischen Konsulat nach Šternberk telegrafisch bestätigen zu lassen, daß er in der tschechoslowakischen Armee in Frankreich gekämpft habe, dann in der französischen Résistance, und daß man bitte seine Eltern entsprechend behandle.
Da stand er vor Tschechen, die er von Marseille und Agde her kannte, Kameraden, die ihn duzten: »Nein, Gregor«, sagten

die, »wir können dir nicht helfen, wir können nichts tun für dich, du bist Deutscher.«

Die Wanderung seiner Eltern zum Bruder der Mutter, hinkend, der Vater mit kaputter Hüfte, die Mutter mit geschientem Knie, hinauf nach Dittersdorf, wo sie ihre Tochter völlig erschöpft fand. Um ihre Eltern nach Hause zu nehmen, meist zu Fuß, schmerzhaft hinkend, es sind fast vierzig Kilometer von Sternberg bis Freudenthal.
Dort, in ihrem eigenen Haus, war sie inzwischen Abwarts- und Putzfrau geworden.

Die Wohnung seiner Eltern wurde geplündert, was übrigblieb, wie die Bilder an den Wänden, zum Fenster hinaus in den Hof geschmissen und angezündet.
Es gab sehr viel Platz in dem großen Haus, und Gregor hatte alles aufbewahrt, Hunderte von Skizzen und Zeichnungen und Bildern.

Das Meisterwerk

Škorpil behauptete, er habe so viele Bilder, wie er nur retten konnte, den Flammen entrissen oder sie jedenfalls vor dem Feuer gerettet. Das versicherte er nicht nur dem Kunsthistoriker, sondern auch Anna selbst bei ihrem ersten Besuch in Šternberk.
Škorpil hat sie angefleht, ihm, dem Schulfreund ihrer Mutter, zu glauben
»Schulfreund? meine Mutter hat mir nie von Ihnen erzählt.«
Also zumindest dem Schulkameraden, jedenfalls dem Malerkollegen ihres Onkels, doch bitte zu glauben: Er habe schließlich gewußt oder zumindest vermutet, daß es sich um sehr gute Bilder handle. Und diese Vermutung sollte sich viel später ja auch als richtig erweisen. Diesen späten Zeitpunkt

habe er aber doch erst abwarten, zitternd und zweifelnd erwarten müssen.
Ja zitternd, denn bald habe er Angst bekommen, man könnte ihn als Dieb oder eben als Plünderer verdächtigen, man könnte ihm den Prozeß machen, was auf jeden Fall geheißen hätte, einen kurzen Prozeß, das heißt Verurteilung ohne Prozeß.
Um so mehr als seine Volkszugehörigkeit unklar war, hat er doch stets laviert, von Mal zu Mal zur jeweils opportuneren Zugehörigkeit hinübergewechselt.
Angst, er könnte von irgendeinem übelwollenden Neider angezeigt werden, während er doch nur Kulturgut, schöne Kunst vor der Vernichtung habe retten wollen. Aber wer außer einem Künstler, einem Maler mit dem geschulten, sicheren Blick, einem Künstler, wie er selbst einer war und natürlich heute noch ist, habe sich damals schon um Bilder, um Kunst gekümmert. Als es ums pure Überleben, ums Dasein und Dableiben ging, wer hätte ihm zu dieser Zeit die Kunstbeflissenheit abgenommen. Es habe sich ja damals auch keiner um seine, um Škorpils Bilder gekümmert, er habe bei Gott keinen Gewinn im Sinn gehabt.
Am Ende doch ein gutes Geschäft? I wo, keiner hätte ihm ein Bild abgekauft, keins seiner eigenen Bilder, und Gregors Bilder natürlich noch weniger.
Denn wer habe sich für einen diese Sprache Sprechenden überhaupt interessieren wollen oder dürfen, noch dazu einen im kapitalistischen Ausland, in Paris Lebenden. Welcher Narr hätte sich für einen doch eher dekadenten Maler erwärmen oder gar begeistern können?

Ja, als dekadent müsse diese Art Malerei, die die Gegenstände stark umgesetzt, fast verzerrt wiedergebe, die Figuren nicht für jedermann auf Anhieb erkennbar darstelle, wohl oder übel bezeichnet werden.
Und so habe er die geretteten Bilder dem Národní výbor abgeliefert, behauptet er.

Aber auf keinen Fall alle, meint der Kunsthistoriker, habe Škorpil doch ein frühes Selbstbildnis von Gregor vor wenigen Jahren erst an durchreisende Besucher, wahrscheinlich entfernte Verwandte des Malers, teuer verkauft.

Doch auch mit Škorpils eigenem Mißerfolg kann es nicht weit her gewesen sein. Warum erzählt er so stolz von seinem großen repräsentativen Gemälde, das er im Auftrag des Národní výbor, des Nationalausschusses, kurz nach dem Kriegsende gemalt hat?

Auf dem Marktplatz zusammengetriebene Menschen, vor allem Alte und Frauen und Kinder, die ganze Bevölkerung unsrer Stadt, mit nur wenigen Ausnahmen.
Eine dieser Ausnahmen war er selbst, der diese deutschsprachige Bevölkerung kurz vor der Aussiedlung darstellende Maler.

Das ganze frierende Elend. Davon werde jetzt nicht mehr gesprochen. ›Man gedenkt nicht derer, die zuvor gewesen sind; also auch derer, so hernach kommen, wird man nicht gedenken bei denen, die darnach sein werden.‹
Er habe, das sei seine moralische Aufgabe gewesen, sein künstlerisches Ziel, dieses unmenschliche Vorgehen, all das herzzerbrechende Leid dokumentieren wollen. Schluchzen in seiner Rede, bei dieser jahrzehntealten Erinnerung.
Schließlich seien auch Verwandte von ihm dabeigewesen, das habe geschmerzt, das habe unmenschlich weh getan, so wie die verächtlichen, die fluchenden Zurufe aus der Menge: Man habe ihn als opportune Windfahne, als elenden Überläufer und Verräter, ja sogar als Sauhund beschimpft, ihn derart tödlich beleidigt, während er doch nur seiner künstlerischen Moral gefolgt sei, einem dokumentierenden Pflichtgefühl.
»Und das alles im Auftrag des Narodní výbor, der doch diese

Aussiedlung betrieben und auf welch grausame Weise betrieben hat?«

Daß sein Gemälde dann jahrelang im Rathaus gehangen habe und wahrscheinlich immer noch dort hänge als triumphales Zeugnis geglückter Rache, die ganze Gegend sei ja tatsächlich innerhalb weniger Monate menschenleer geräumt worden, Aussage und Wirkung des von ihm seinerzeit so getreulich Dargestellten seien nur einem fatalen Mißverständnis zu verdanken. Seine Intention wäre aber ursprünglich wirklich eine andere, dem heutigen Gebrauch widersprechende, sozusagen gegenteilige Idee gewesen:
Ein großartiges Bild, in den kleinsten Details genau, die Figuren für jedermann gut kenntlich, ja, die einzelnen Personen wiederzuerkennen, ein bewegendes Dokument:
Zusammengedrängt auf diesem Platz Tausende, meist Frauen, frierende, weinende Alte und Kranke, Schwangere und kleine Kinder, Säuglinge und Kriegsinvalide, mit ihren Pinkeln, Koffern und Körben, den Resten ihrer Habe, beim Warten aufs Verladen in die Eisenbahnwaggons, meist Viehwaggons, zwecks Vertreibung von ihrem Ort, aus ihrem Land.
Sein, Škorpils, Meisterwerk.

Škorpils Angst

Der Kunsthistoriker berichtet von Škorpils Angst vor Rache, vierzehn Jahre später, auf Annas zweiter Reise, vierzehn Jahre nach ihrem Besuch bei Škorpil und seinen Erklärungen.

Ja, und jetzt habe er Angst. (Was ist's, das man getan hat? Eben das man hernach wieder tun wird.) Vor Angst könne Škorpil nicht einmal mehr schlafen. Er schließe sich im Atelier ein, es sei schwierig, an ihn heranzukommen. Ohne tele-

fonische Voranmeldung öffne er die Haustür nicht mehr. Und auch dann noch nicht ohne weiteres. Er versuche, durch den Spion, das kleine runde Loch in der Tür, den Draußenstehenden zu erkennen. Er rede zuerst durch die Tür mit ihm, indem er immer wieder nachschaue, ob sich nicht hinter dem vor der Tür Stehenden ein andrer verstecke. Oder eine andere. Er erwarte jemanden, offensichtlich fürchte er die Ankunft einer bestimmten Person, die ihn zur Rechenschaft ziehen könnte, und Rechenschaft bedeute in seinem Falle ein Schuldbekenntnis. Also baue er vor.
Er verbaue sich in seiner eigenen Wohnung, stelle dort Wände aus sehr großen Bildern auf, eine Art bemalter Doppelwände, so daß man vom Zimmer aus meine, es seien die Zimmerwände, es handle sich um die Außenwände, und nicht vermute, daß sich dahinter ein schmaler, gangartiger Raum befindet, in den sich Škorpil flugs zurückziehe, sobald er Gefahr wittere. Das bedeute, daß Škorpil nicht nur seine Nächte, sondern auch den Großteil seiner Tage in dieser engen, dunklen Räumlichkeit zubringe.

»Man wird der früheren Dinge nicht mehr gedenken und niemand wird sich ihrer mehr erinnern.« Er, der Kunsthistoriker, sei, als er Gregors Bilder wegen Škorpil unlängst aufgesucht habe, und dieser Besuch sei nur auf Umwegen und endlich erst durch die Vermittlung von Škorpils Sohn möglich geworden, beim Anblick eines ganz und gar Verblaßten derart erschrocken, daß es ihm die Sprache verschlagen habe, sie seien sich, beide wie von Sinnen wortlos sich anstarrend, gegenübergestanden. Und so habe er leider nichts mehr über den Verbleib der Bilder, die er von noch freundschaftlichen Besuchen früherer Jahre in Škorpils Besitz wußte, erfahren können. Škorpils Sohn habe, bereits wieder vor der Wohnungstür, nein, erst draußen auf der Straße, sich nach Gregors Witwe erkundigt. »Stimmt es, daß sie wieder im Land, daß sie, die veränderten Zeiten nutzend, zurückgekommen ist?«

Sein Vater glaube, sie vor seiner Wohnungstür gesehen zu haben, sie gehört zu haben, ja, er habe ihren französischen Akzent wiedererkannt, ganz genau. Und sie habe erst freundlich gebeten, eingelassen zu werden, und als er sich weigerte, die Tür zu öffnen, habe sie laut nach den Mitbewohnern gerufen, französisch, als sich niemand rührte, in ihrem ihm altbekannten schlechten, französisch tönenden Deutsch.
Als ob hier noch einer Französisch verstünde, als ob irgendwer hier Lust hätte, Deutsch zu sprechen.
Aber Škorpils Sohn glaubt nicht an ihr Kommen. Hingegen seien andere Leute, frühere Bewohner, alte Einheimische also, mit ihren bereits im Ausland geborenen und dort aufgewachsenen Kindern immer wieder erschienen, und es könnte schon sein, daß der eine oder andre, vor allem von Gregors Verwandten, Škorpils Adresse herausgefunden und ihn der Bilder wegen aufzusuchen versucht habe. Alt und geistesverwirrt, ja leider müsse man das bei seinem Vater annehmen, daß er wahnsinnig, von der Angst vor Bestrafung und Rache vollkommen besessen sei, höre er nun Tag und Nacht eine französische Stimme.
Die behaupte, es habe vor dieser Vertreibung andere Vertreibungen gegeben, man habe andere Menschen auf eben diesen Plätzen zusammengetrieben und verladen, auf ebenso grausame Weise, nein, noch weit grausamer, im Einverständnis mit der Bevölkerung, zum Teil derselben, die das nächste Opfer darstellte. Woran sich aber niemand mehr zu erinnern scheine. Man gedenke derer nicht, die zuvor gewesen; also werde man auch derer, die hernach kommen, nicht gedenken.
Jeder, der damals gefühllos zugeschaut oder empfindsam weggeschaut hatte, diese früheren Treibjagden betrachtet hatte, als handle es sich um Ungeziefer, um die, leider, notwendige Vernichtung von sowas wie Ratten, betrachtete sich, als es ihm dann, nur wenige Jahre später, selber an den Kragen ging, als erstes und gänzlich unschuldiges Opfer. Was ist's, das man getan hat? Eben das man hernach wieder tun wird; und geschieht nichts Neues unter der Sonne.

Und die französisch tönende Stimme behaupte auch, er, Škorpil selbst, habe aus purem Neid Gregors schönste Bilder zu verbrennen versucht, dann mit bessrer Einsicht doch einige für sich gerettet, gestohlen, um sie leicht verfälscht als eigene zu verkaufen. Die vorwurfsvoll fordernde, ihn quälende Stimme der Witwe.
»Lauter Lügen!«

VII.

1990

Auf der zweiten Reise.
»A sentimental journey?«
»Nicht sentimental. Und nicht, ja was, wie heißt das Wort, das abschätzige, ein Gefühl entwertende Wort?«
»Nostalgie?«
»Eher die Überprüfung von Tatbeständen und nicht nur das. Überprüfung von Gefühlen, nicht nur der eigenen. Staunend merk ich, daß an gewissen Orten ausbleibt, was ich erwarte, und grade dort, wo ich es erwartet hatte, vielleicht drum, weil ich mich noch gut daran erinnere, an den Sturm erinnere, den das erste Wiedersehen dieser Orte, das ist nun auch schon wieder vierzehn Jahre her, bei mir ausgelöst hatte.«

›Juckt dich zum zweiten Mal das Fell?
Ich mag nicht hin, mir graut es vor dem Orte.‹

Nein, jetzt kann Anna wie eine Touristin über die Karlsbrücke gehn, sich übers Geländer lehnen und ins Wasser schauen, als ob das nicht die Moldau wäre, von einer Gruppe um einen Sänger Herumstehender zur andern Gruppe um einen Drehorgelmann Herumstehender schlendern, eine Zeitlang zuhören,
»das können, das dürfen hier, mitten in Prag, doch keine deutschen Schnulzen, keine deutschen Volkslieder sein!«
»Sind es aber.«

Und dann, ganz unerwartet, schlagartig eine alte Angst, als sie von zwei sehr großen und kräftigen breit-, bleichgesichtigen Tschechen in der stilvollen Villa des Attachés bedient wird. In weißen Handschuhen. Die Zeit ist stehengeblieben.

»Wer hat diese schöne und großzügige Villa aus den zwanziger Jahren gebaut?«
»Ein sehr guter Architekt.«
»Und wer hat sie bauen lassen? Ein Reicher, sicherlich kultiviert. Und wie hat er wohl dafür büßen müssen?«
Davon wird nicht gesprochen.
»Lebt er noch? Nein? Ist er eines natürlichen Todes gestorben?«
Die Zeit vergeht nur zum Schein.
Darum die inständige, lautlose Bitte an die Herren in den weißen Handschuhen: »Schlagt mir dafür, daß ihr mir hier Gang für Gang ein feines Essen serviert, das nächste Mal nicht den Kopf ein.«
Sie läßt sich doch nur gezwungenermaßen, bei Gelegenheiten wie dieser Einladung, bedienen. Aber davon wird doch nicht geredet, was fällt dir ein, davon darf nicht gesprochen werden! Niemand hat sie verstanden, als sie versuchte, diese Angst auszusprechen, der Attaché und seine Frau nicht, und auch nicht die tschechische Dozentin, vor kurzem noch Mitglied der kommunistischen Partei, jetzt ›sanfte Revolutionärin‹. Diskretes Kopfschütteln. Und die Unhöflichkeit verzeihend, ging man lächelnd zu etwas Angenehmerem über.
Dieser Schweizer Attaché hatte seine tschechische Geschichtslektion, bevor er hierherkam, vielleicht auch noch während seines Pragaufenthaltes, gut gelernt: Geschichte wird je nach Bedarf neu arrangiert.

Was bedeutet das N?

An der Grenze sei nach der Durchfahrt der Aussiedlungszüge beidseits der Gleise alles weiß gewesen, kilometerlang drekkig weiß, erinnert sich ein nach vielen Jahren nach Prag zurückgekommener und nun schon jahrelang an der Karlsuniversität dozierender Germanist:

»Die von den Ärmeln gerissenen, aus den Zugfenstern geworfenen weißen Armbinden mit dem großen fetten **N**.«
»Weiße Armbinden?« wundert sich der Schweizer: »Was bedeutet das **N**?«
»Nichts Gutes: *Němec* heißt deutsch, **N**, deutsch heißt, oder hieß, vogelfrei.«
Davon wird nicht mehr gesprochen. Vergessen wir lieber unser früheres Leben. Wann hat sie aufgehört, die Jahre zu zählen, seit wann die Jahrestage vergessen?

»Denkst du an das grausame Ende?«
»Nur nicht zurücksehn, nicht, nie mehr zurückgehn.«
»Gut, vergessen wir unsre früheren Leben. Das verhilft zu gegenwärtigem Glück.«

Am Busbahnhof von Brno erwartet sie ein großer, blondlokkiger Mann: »Ich heiße Kadlec.«
In den besten Jahren, denkt sie.
Er habe sich gefreut auf Anna, sagt er, schaut sie an, er müsse sich wohl verbessern, wisse nicht recht, wie und ob er ihr dies überhaupt sagen könne: Er habe sie mit besonderem Interesse erwartet, er scheint mißtrauisch, als erwarte er Haß: denn auch er sei in Šternberk geboren.

Kadlec sieht sie an. Sie weiß, was Tschechen von Deutschen angetan wurde. Kadlec weiß nicht, daß sie das, im Gegensatz zu vielen Landsleuten, sehr gut weiß. Weiß er, daß dasselbe wie den Tschechen auch manchen Deutschen von Deutschen angetan wurde? Er ist im gleichen Spital wie Anna auf die Welt gekommen, in einer Stadt, die heute noch ihren deutschen Namen kaum leugnet, so weiß er, vom Hörensagen zumindest, was Deutschen von Tschechen angetan wurde, aber er weiß nicht, daß sie, anders als viele Landsleute, Tschechen deswegen nicht haßt, nicht hassen kann.

Ein liebenswürdiger Mann. Nein, keinen Haß, aber was empfinde ich?

Brutale Typen

Nicht nur letzte Nacht geträumt, altbekannt:
Brutal aussehende Typen, die ihr Aussehen auch aufs unverschämteste ausleben. Nicht nur in unsrer Wohnung. Keine Möglichkeit, ihnen zu entgehen. Wir sehen ja, wie sie mit anderen umgehn, ihnen die liebsten Dinge wegnehmen, sie demütigen und dabei höhnisch lachen, sie buchstäblich zur Sau machen. Als wäre der Mensch nicht ›das allervornehmste, das allergeschickteste und das allerfreieste Werkstück Gottes‹. Und da hilft keine Flucht, die haben uns immer wieder aufgestöbert, irgendeiner von ihnen wird dich von neuem entdecken. Und nun hilft auch gar keine Freundlichkeit, kein liebenswürdiges Lächeln, so als fände man nichts dabei, als akzeptiere man sie, diese verfetteten, stiernackigen oder untersetzten, gar nicht so alten Männer. Die befehlen mir, mich mit meiner Habe (aber was ist das: die Habe?) hinüber ins andre Zimmer oder ins andre Haus zu begeben und ihnen auch dort noch alles auszuliefern, was mir lieb ist. Nein, schau nicht so versöhnlich drein, das hilft dir nicht, macht die Sache nur noch schlimmer, die Verachtung noch größer, die Möglichkeiten, dich zu ruinieren, noch vielfältiger. Ein Blick in diese Gesichter läßt das Schlimmste befürchten, da liegt jede Grausamkeit, sogar Mord drin.

»Es sind gar nicht die, die am meisten gelitten haben, die sich rächen, keineswegs«, sagte Gregor, und er mußte es wissen: »Es waren und sind weiterhin die stillen Anpasser, die eifrigen Profiteure und aktiven Kollaborateure, die am lautesten hetzen, sobald sich die Umstände ändern, die dann am mörderischsten zuschlagen. Sie wollen doch ihre gute Gesinnung, sie müssen die jetzt gefragte Überzeugung demonstrieren und sich so im neuen Regime legitimieren.«

Unterwegs

Im Auto zwischen Brünn und Olmütz. (Jetzt kann ich doch wieder Brünn und Olmütz sagen, hier, in meiner Roulotte, was dort nicht gut oder eher antiquiert tönt; dort, wo es seit eineinhalb Generationen keine Deutschen und folglich auch nur noch die tschechischen Namen gibt, wirkt sie wie ein Relikt, sobald sie sich nach einem einstmals deutschen Ort erkundigt.)
»Jeseník? Was war das? Und Römerstadt? Was ist das heute?«
»Rýmařov«, sagt Kadlec.
»Leichter zu merken als Uníčov, das einmal Mährisch Neustadt war. Šternberk war Sternberg.«
»Wo ich geboren wurde«, sagt Kadlec: »wie Sie.«
Im gleichen Spital, ja, und später sei er in die gleiche Schule wie Anna gegangen. Und dann in Bruntál, das einmal Freudenthal hieß, wo er wie sie eine Zeitlang gelebt habe. »Auch dort sind wir wohl in die gleiche Schule gegangen.« Kadlec ist 1949 geboren, als die Bevölkerung in Šternberk wie in Bruntál längst ausgewechselt worden war.

In Kadlecs altem Škoda auf der wie mit dem Lineal gezeichneten Straße nach Olomouc:
Plötzlich daheim in dieser weiten Landschaft.
Sie weiß jetzt, warum ihr ganz bestimmte, nicht als besonders schön geltende Landstriche wie die Poebene oder das ›Große Moos‹ so gut gefallen. Bis zur schwarzen Erde.

Da wird Anna von einem Militärauto überholt. Der Minibus ist voller braun- oder khakifarbener Uniformierter:
Und aus dem Heckfenster schaut einer sie an. Weg vom Gas! Die Zeit ist stehengeblieben. Laß einen Wagen, dann noch einen dich überholen (und sie ist sonst eine, die lieber vorfährt, die gerne schnell oder zu schnell fährt), daß dich der Soldat nicht mehr sehen kann. Sie hält sich zitternd fest am Volant. Eine heute unbegründete, aber sehr tief sitzende, in dieser heimatlichen Gegend lauernde, bald lebenslange Angst:
Jetzt hat er dich ins Aug gefaßt, jetzt bist du verloren!

NJET

»Hier können Sie nicht bleiben, mit der russischen Kommandantur in Ihrer Wohnung!«
Ein Fabrikarbeiter bringt sie nachts heimlich über die Zohsebrücke hinüber nach Rudolfsthal zu seinem Haus. Aber dort sitzen schon zwei mit ihren Gewehren am Küchentisch bei einer Flasche, zwei schwere Typen, die mustern Anna und ihre gleichaltrige Cousine. Sie huschen durch die Küche ins Schlafzimmer, fünf Kinder, zwei Frauen, hinter ihnen drükken sich die beiden Russen durch die Tür, schließen sie so ein. Vater unser, der du bist im Himmel! Vor dem einzigen winzigen Fenster steht ein Blumenstock, ich greif nach der Primel, will das Fenster aufreißen: Wo der Kopf durchkommt, dort kommt man auch mit dem ganzen Körper hindurch.
»*Njet.*«
Einer der Männer stellt sich mit dem Maschinengewehr drohend vor die Fensteröffnung und faßt Anna hart am Arm, der andre zieht die Cousine an sich, ›erlöse uns von dem Übel!‹ Grade erst konfirmiert, vorzeitig, den Zeitläufen, dem täglich näherrückenden Frontverlauf entsprechend, und schon wieder konfirmiert im Glauben an des Himmlischen Unzurech-

nungsfähigkeit. Die kleinen Geschwister starren sie an, mit offenen Mündern, tonlos. Die Zeit ist stehengeblieben, ist entsetzlich stehengeblieben in mir, immer noch bin ich in dem engen Raum eingezwängt zwischen Bett und Wand, starr unter dem schmerzenden Zugriff.
Die Mutter und die Tante beginnen zu bitten: »Laßt die Mädchen!« zu betteln, »laßt sie!« zu weinen, »das sind doch noch Kinder!« mit nutzlosen, unverständlichen Wörtern, mit Zeichen und verzweifelten Gesten zu feilschen, »hier, nimm diese Uhr, laß die Kinder! nehmt die Eheringe. Eine goldene Uhr, da, bitte, eine große, schöne, gute Männeruhr, hier, nimm sie, und nehmt die zwei Ringe: Gold.«
Der Kosak faßt nach der Uhr, läßt Anna los, schaut den Ehering genau an, den Goldstempel und die Gravur, den Namen, das Datum auf der Innenseite, bevor er ihn der Mutter zurückgibt, die Hand auf seinem Herz: Er ist gut, kein Teufel. Der andre Soldat nimmt Uhr und Ring der Tante, und beide kehren um, nehmen sich die Schnapsflasche in der Küche und verlassen lachend und schwankend das Haus.

ESCAPE

Vor den Fenstern meines Wohnwagens: die dunklen Buchenstämme im Vordergrund, grauer, immer hellgrauer im Weiß, das wie ein von hinten beleuchteter Vorhang zwischen den nackten Bäumen hängt und den See unten verdeckt. Das Moos auf dem Weg liegt erstaunlich gelbgrün, und die restlichen Eichenblätter zittern, als wären sie aus altem Gold. Glänzende Tropfenschnüre im Gebüsch. Die Petersinsel, gerade unsichtbar, liegt dreihundert Meter tiefer, direkt unter meiner Roulotte, J.-J. Rousseaus Insel.
Meine Brille, wo ist meine
Auf deiner Nase!
Alles in allem hab ich mir hier meinen alten schönen Traum

vom Trullo realisiert, zudem eine, wenn auch etwas illusorische Ungebundenheit, in dieser eigenartigen Umgebung mit den aus Brettern, Wellblech und Plastikblachen zusammengebastelten Hütten und Wagen am Hang hinter mir, von ferne an Südamerika erinnernd, etwas wie ein eigenes Zimmer im vollen Haus. Und so bin ich denn zufrieden und ungewöhnlich glücklich hier oben, ›sie mögen sich die Köpfe spalten, mag alles durcheinander gehn; doch nur zu Hause bleibt's beim Alten‹, sitze, die Finger über den Knien verschränkt, am Tisch vor der Maschine, gehe zwischen den Hütten und ihren Gärtchen herum oder liege lesend auf dem Bett. Höre mir seit langem wieder mal Billie Holliday an und schaue dabei hinauf in die schöne, reiche Zeichnung der Baumäste vor dem blauen Himmel, das könnte, vereinfacht, fast meine eigene Zeichnung sein. Der Wind hat den Nebel und die letzten Wolkenfladen vertrieben, unten liegt jetzt tiefgrünblau der See mit einem violetten Rand um die Insel, aus dem vorjährigen Laub am Boden wachsen blau und weiß büschelweise Leberblümchen und Buschwindröschen und Veilchen.

Das Auge sieht sich nimmer satt, und das Ohr hört sich nimmer satt. Warum soll ich mich an eine mühselige Arbeit machen, ›alles eitel und Haschen nach Wind‹, wenn ich das Leben genießen kann, warum muß ich mich auf alte Geschichten, auf Schmerzhaftes einlassen? Werdet um Gottes willen keine Künstler.

»Alles eitel und Haschen nach Wind, schreiben, arbeiten, und geschieht nichts Neues unter der Sonne«, hör ich höhnen.
Nein, das kann nicht seine Stimme sein. Hohn hab ich von meinem Großvater nie gehört. Nie einen Vorwurf. Er tönt ermutigend, beruhigend: »Uns ist ›ganz kannibalisch wohl, als wie fünfhundert Säuen‹: Genügt das nicht?«

Er schneidet die blütenlosen Stengel vom Phlox, zeigt mir nochmals, wie: »Mit einem scharfen Messer machst du einen kurzen, leicht schrägen Schnitt, eine Handbreit unter der Spitze.«
Sein Messer ist jetzt meins, der Hirschhorngriff liegt gut in der Hand, die Klingen sind scharf, die eine ist vom vielen Schleifen ganz kurz und schmal.
»Und nachdem von jedem der kurzen Stengel die Blätter, bis auf vier oder sechs an der Spitze, vorsichtig entfernt sind, werden sie in ein schön vorbereitetes Beet, zwei Drittel Sand, ein Drittel Erde oder Torf, gesteckt, einer neben den andern. So dicht beieinander, regen sie sich gegenseitig an, Wurzeln zu bilden.«

Die bewurzelten Stecklinge trag ich hinüber zum Beet, das ich, wider mein Vorhaben, hinter dem Wohnwagen angelegt habe. Die Setzlinge sind in ein Stück feuchte Zeitung gewikkelt, ich kauere mich, setze, mit genügend Abstand zu den Topinambur, genauso wie er es tat, eine der kleinen, weichen Pflanzen neben die andere, eine Pflanze mit einer Handbreit Zwischenraum neben die nächste.
»Aber meine Pläne, meine schönen Pläne!«
»Die würd ich mir aufbehalten«, meint er, »sie sind doch als Pläne am schönsten, perfekt nur in der Vorstellung.« Von Zeit zu Zeit rück ich weiter, steh auf, mache einen Schritt fort und pflanze weiter.

»›Was man nicht nützt, ist eine schwere Last,
nur was der Augenblick erschafft, das kann er nützen‹«,

wende ich hartnäckig ein: »Hab ich das nicht von dir gelernt?«
Von Zeit zu Zeit steh ich auf, um das schmerzende Kreuz, den Rücken zu strecken, ich bin jetzt so alt wie er, der mir vormachte, wie man tief, richtig tief atmet, wie man zur Entspannung die Arme und die vom langen Hocken verkrampften Beine ausschüttelt. Meine Hände sind abgearbeitet, die Fingernägel längsgerillt, wie seine.

»Komm, komm, wir gehn jetzt nach Haus!«
So wie der Großvater geh ich blitzschnell in die Knie, sobald ich rufen höre, immer wieder: »Komm doch!«
In den hohen Stauden kann mich niemand sehn.

Ohrfeigen

Bevor sie den Mund aufmachen, bevor Anna ihr, was gerade passiert war, erklären konnte, noch vor dem ersten Wort hat sie zugeschlagen, aufgeregt, verängstigt, wie die Mutter war, wie sie es alle waren, weinend zugeschlagen, klatsch! Links eine Ohrfeige und rechts eine! »Was soll das? Was soll die Maskerade? Wer hat dir die Haare abgeschnitten, und wo warst du so lang, stundenlang? Bist du verrückt, mich so zu ängstigen? Jetzt ist bei Gott nicht der Moment für schlechte Witze.«
»Ich weiß.«
»Keine Zeit für Blödsinn.«
»Pst!«
Kein Weinen jetzt, keinen Seufzer, keinen Ton, sie kommen, sind schon wieder im Haus. Die Stiegen herauf Stiefeltritte, laute, besoffene Stimmen.
Atemlos still liegen sie, drei Frauen, fünf Kinder und ein Hund, eine neben der andern im engen, stickigen, lichtlosen Versteck unter dem Dach. Einem Schieferdach, unisoliert gegen die eiskalten Nächte, auf das am Tag die Sonne brennt. So wissen sie, im Dunkeln frierend oder schwitzend, ob es Tag ist oder Nacht. Wenn es still wird im Haus, selten, schleicht sich die Mutter in die Küche hinunter, um von dem, was die Russen an Eßbarem haben, hier ein wenig, dort ein klein wenig zu nehmen, schnell, nur ein unmerkbares Bißchen zu nehmen, unser täglich Brot gib uns heute. Der Rock rutscht, fällt Anna über die Hüften, den andern auch, sobald sie aufstehn: sieben Vogelscheuchen. In den ruhigen Momenten trauen sie sich, in eine Suppenschüssel zu pissen und die dann

vorsichtig aus der Dachluke zu leeren, nur zitternd schleichen sie hinunter aufs Klo.
Anna ist also in der Früh nicht bei den andern im Versteck, sondern sitzt im ersten Stock auf dem Klo, als plötzlich die Soldaten ins Haus zurückkommen:
Keine Zeit, runterzuspülen, verflucht, die werden das riechen und sehn und wissen: da ist jemand! Kann grad noch rüber ins Schlafzimmer nebenan, schnell die Tür abschließen, doch das haben sie gehört, die Soldaten stehn schon da, schreien, mein Gott, hast deine Töchter vergessen, wüten, sie soll die reinlassen, schlagen, stampfen mit ihren Stiefeln gegen die Tür, rennen mit aller Macht an die Tür an, und als der Türrahmen sich aus der bröckelnden Wand zu lösen beginnt, mein Gott, warum hast du mich verlassen, ist sie schon auf dem Balkon und von dort am Blitzableiterdraht runter in den Garten und dort weiter von Busch zu Busch hinter patrouillierenden Soldaten durch und bäuchlings zwischen den Stauden kriechend von Baum zu Gebüsch, spring hinter eine dichte Eibe in Dekkung, bin ich ein Wild? renn bis zum Badehäuschen, um dort in einer von der geöffneten Tür verdeckten Ecke kauernd zu warten, zitternd, jetzt, halt den Atem an, ›Vater unser, der du bist im Himmel‹, jetzt kommt einer, kommt näher, geht vorbei, ›dein Reich‹, stundenlang warten, daß es Nacht wird, ›dein Reich komme!‹ um sehr vorsichtig zwischen den Wachen durch, zwischen den dunklen Schemen mit ihren aus den Bäuchen ragenden Maschinenpistolen durch, ›dein Wille‹, lautlos ins Haus zurückzuschleichen, ›dein Wille geschehe‹, wo jetzt alles ruhig und dunkel ist, die Soldaten entweder schlafen oder wieder abgezogen sind.
Im Badezimmer findet sich eine Schere, nein, ich laß mich nicht mehr jagen! Sammle dann sorgfältig alle abgeschnittenen Haare zusammen, daß die mich nicht verraten.
So kann sie die nächsten Monate, in den ausgewachsenen Kleidern ihres Cousins, unbelästigt als Junge statt als junges Mädchen, ohne Angst, zumindest mit weniger Angst, recht gut überleben.

»Ja, meine Liebe, der Witz, mir die Haare kurz zu schneiden wie ein Bub, in der entsetzlichen Furcht, nochmals dermaßen gejagt und womöglich am Ende von den Soldaten doch noch erwischt zu werden, die Idee, mir trotz meiner fünfzehn Jahre, nein, gerade deswegen eine Hose und ein Bubenhemd anzuziehen, damals auch noch nicht üblich, war das Vernünftigste, was ich im Moment tun konnte, und hat mich nur eine Ohrfeige gekostet, aufgeregt, verängstigt, weinend zugeschlagen, klatsch! zwei Ohrfeigen gekostet.«

ESCAPE. Spaziergänge mit dem Großvater

Heute geh ich den großen Bäumen nach, die in einiger Entfernung vom Waldrand in den Juraweiden stehn oder den Waldrand bilden, suche im Schatten unter den weitausschwingenden Ästen nach Schwämmen, Reizkern unter und um die Kiefern, Fichten oder Tannen.
»Rot sollten sie bluten, nicht weiß«, hör ich den Großvater und sehe, wie er eins seiner *Skanitzeln* aus der Hosentasche zieht, eine aus einem Stück Papier zusammengerollte Tüte voller Samen (die er im Garten, sobald sich die trockenen Schoten zu öffnen beginnen, von den Lupinen abstreift), und die Lupinen den Waldrand entlang aussät.

Auf der Weide finde ich kleine, feste Boviste, dort, wo wir sie vorletztes Jahr mit Libuše, meiner Freundin und Kollegin, massenhaft gefunden hatten.
»Wußtest du nicht, daß Tschechen große Pilzliebhaber sind?«
»Hallimasch, dort, überraschend frisch, wahrscheinlich die letzten«, wachsen im Windschatten, vom Nachtfrost geschützt, tief in der Höhlung eines verrottenden Baumstumpfs.

Pilze, *Schwammerln* sammelnd, gehen wir durch die Gegend mit einem Ziel, auch wenn wir kaum zielgerichtet, nicht gradlinig spazieren, etwas, das uns anzieht und nicht so schnell umkehren läßt, weiterzieht von Baum zu Baum, von dieser Weide zur nächsten, immer weiter, viel weiter, als wir im Sinn hatten. Wie ein Jäger Wild vor sich sieht, und wär's nur in seiner Vorstellung, sich anpirscht, an die Witterung des Tiers denkt und die Windrichtung beobachtet, den Sonnenstand; nicht Alpinisten, die ein Ziel vor sich sehn, kein Gipfel, kein Wandern zu einem bestimmten Ort. Die Landschaft ist nicht nur das schöne Bild, die einmalige Aussicht oder Ansicht, ich denke nicht dran, das, was ich jetzt sehe, darzustellen. Wie der Großvater den Waldboden betrachtet, Farne, Flechten, Moos, verschiedene Pflanzengemeinschaften, die auf das Vorkommen verschiedener Pilze schließen lassen; wie ein Bauer die hellgrünen Spitzen der Saatreihen betrachtet und den sich verfärbenden Himmel, den prismafarbenen Ring um die Sonne, dunkel aufziehende Wolken, auf nachlassenden Wind, Regen oder Frost hin, auf seine morgige Arbeit, aufs Gedeihen der Aussaat hin beobachtet.

Die Sonne durchstrahlt das Waldinnere, die herbstlichen Buchenblätter leuchten altgold, ein warmer, sanfter Schatten erfüllt diesen schützenden Raum, in dem dickbemooste, große Steine und Wurzeln zum Bleiben, zum Streicheln verführen. Beruhigend. Ich leg mich ins Moos und dann schlaf ich ein und träume mich an einen schönen Ort, wandere von Knickebühl zum nächsten Dorf. Ich GING GANZ in Gedanken hin, und statt auf der Hauptstraße zu bleiben, zweigte ich bald ab gen Eggebrecht, um mir den mittelalterlichen Ort anzusehn; blieb dann aber in einer Gasse bei einem der ersten Häuser stehn, mit einem Schlosser in ein Gespräch verwickelt:

›Nichts Bessres weiß ich mir an Sonn- und Feiertagen,
Als im Gespräch von Krieg und Kriegsgeschrei,

Wenn hinten, weit, in der Türkei
Die Völker aufeinander schlagen.‹

Vielleicht war der Alte auch Gärtner: »Du weißt, daß ich ein andrer bin?« Er hatte tatsächlich den weißen Spitzbart und die blauen, gütigen Augen meines Großvaters, und ich wollte ihn etwas fragen, während er mich zu einem Glas Rotwein und einem Teller gebackener Topinambur einlud.

›Man steht am Fenster, trinkt sein Gläschen aus
Und sieht den Fluß hinab die bunten Schiffe gleiten;
Dann kehrt man abends froh nach Haus,
Und segnet Fried und Friedenszeiten.‹

Aus dem Hintergrund hör ich die Stimme der Küchenfei, sie schreit: »O Graus, jetzt rezitiert er schon wieder«, während sie im Nebenraum hantiert, ruft sie irritiert: »Mußt du denn immer, bei jeder Gelegenheit, Faust, Morgenstern, Johannes von Tepl, gar Salomo oder weiß Gott was alles zitieren?«

Aber was war das, etwas mir sehr Wichtiges, was ich von ihm erfahren wollte?

Er schaut um sich, auf den Waldboden, drauf das dürre, vermodernde Laub, Farne, Flechten, Moos, die mit wenig Erde gefüllten Falten im Gestein.

»Am Baumstamm, dort: *parmelia acetabulum*, diese graureifige Schüsselflechte.« Der Großvater kennt alle Pflanzen, bald kennt auch Anna viele davon, ihre lateinischen wie ihre deutschen Namen. »*Thamnolia vermicularis* heißt das ›Totengebein‹, hier, die graulich weiße Wurmflechte.« Er wandert mit ihr durch den Wald, über die Felder und Wiesen, Tag für Tag erkunden sie die Gegend, diese oder eine ähnliche Gegend: Bergweiden, große, manchmal intime Räume, Wiesen, vom Wald eingefaßt oder von Baumreihen getrennt, eine weitreichende Aussicht über Höhenzüge, die Täler im

Dunst, die Kämme scharf davor gezeichnet, ein Bergrücken hinter dem andern, hier in Richtung Frankreich;
dort schaut man auf die Marchebene hinunter, auf Sternberg, Olmütz, die Hanna.

Früh um fünf steht das Kind an der verschlossenen Haustür, es hat sich eilig angezogen, um Großmama nicht zu wecken, ist es leise aus dem Zimmer geschlichen, ungewaschen, die Schuhe in der Hand, im Vorhaus die mit Tonwasser wöchentlich geweißelten Stiegen hinunter, bindet sich, auf der untersten Stufe sitzend, die hohen Wanderschuhe und paßt den Großvater ab.
Eine robuste, wütende Frau (wildes Haar, wehende Küchenschürze, bewehrt mit einem Besten) weist Hausierer, vielleicht sogar Einbrecher energisch ab; Onkel Gregors Bild ist mit vier Reißnägeln, wovon einer oben bereits abgesprungen ist, am dunklen Eichenholz der Tür befestigt. Die hohe schwere Tür, die der Großvater jetzt aufschließt. Er sagt nicht: »Geh zurück«, er sagt nicht: »Jetzt kannst du, *mußt* du noch zwei Stunden schlafen«,
er tut, als sähe er mich nicht, schaut sich auch nicht um, wenn ich ihm nachgehe, die Troppauerstraße hinauf, erst außer Sichtweite, hinter einer leichten Kurve, wenn man uns, wäre es schon ganz hell, auch vom Erker aus nicht mehr beobachten könnte, gehen wir vergnügt nebeneinander weiter, Palmström, Korf und Faust als Begleiter.
So kann er, wenn wir kurz vor acht, vor Schulanfang nach Hause kommen, Großmama sagen, er könne wirklich nichts dafür, ich sei immer schon vor ihm wach: »Da kann man nichts machen, die Kleine läuft mir einfach nach.«

Wir haben drei Stunden Zeit.

Die frischgemähten Wiesen scheinen gelb, als wär nicht Spätsommer, sondern Mai, und alles voll blühendem Löwenzahn. Ein Stück vor dem Waldrand steht ein mächtiger Bergahorn, der Großvater hebt Anna, setzt sie in eine dicke Astgabel, als wär's ein Fauteuil, er lehnt sich an den nächsten Baumstamm, und sie lassen ihre Körper von der Wärme durchdringen, blinzeln hinaus über dieses große, dem Himmel zu gewölbte Oval, und:

›Siehst du den schwarzen Hund durch Saat und Stoppel streifen?‹

Großpapa zeigt auf einen Köter, den sie eigentlich nicht und doch vor sich sieht:

›Ich sah ihn lange schon, nicht wichtig schien er mir.‹

Ein abgeerntetes Feld liegt jetzt vor ihnen, die Stoppeln sieht man einzeln in der schrägen Morgensonne.

›Betracht ihn recht! Für was hältst du das Tier?‹

Und sie antwortet:

›Für einen Pudel, der auf seine Weise
Sich auf der Spur des Herren plagt.‹

Und er fährt fort:

›Bemerkst du, wie in weitem Schneckenkreise
Er um uns her und immer näher jagt?
Und irr ich nicht, so zieht ein Feuerstrudel
Auf seinen Pfaden hinterdrein.‹

Und sie spielt den Wagner, den sie eigentlich nicht mag:

›Ich sehe nichts als einen schwarzen Pudel;
Es mag bei Euch wohl Augentäuschung sein.‹

Und Großpapa:

›Mir scheint, daß er magisch leise Schlingen
Zu künftgem Band um unsre Füße zieht.‹

Und Wagner, sicher auf der Astgabel oben:

›Ich seh ihn ungewiß und furchtsam uns umspringen,
Weil er, statt eines Herrn, zwei Unbekannte sieht.‹

Es wird unheimlich:

›Der Kreis wird eng, schon ist er nah!‹

In seinen Jacken- und Manteltaschen trägt der Großvater kleine Hefte, die eine seiner Töchter ihm vor langem gemacht hatte. Später heftete er die Büchlein selber und schrieb in sie mit seiner winzigen, phantasievollen Schrift Gedichte, die er seiner Enkelin auf ihren täglichen Morgenspaziergängen rezitiert. Vom *Kiosk* schleudert der König von Thule seinen goldenen Becher in die Tiefe, auf *Ecce Homo* steht eine Birke, Palmström faltet ein rotes Tuch zusammen, ›das er eben erst entfaltet, und kein Fühlender wird ihn verdammen, wenn er ungeschneuzt entschreitet‹. Von der Troppauerstraße biegt man links ab, bergauf in die Allee, am Weg zum Kiosk, rechts, steht der ›Gartenzaun mit Zwischenraum, hindurchzuschaun‹. Das Mißtrauen gegen gewiefte Architekten ist Anna geblieben.
Der Großvater kann den Faust auswendig, die Balladen und alle Texte, die er einmal aufgeschrieben hatte.
Oberhalb der *Maut* spazieren die buntgeputzten Menschen, ›sie feiern die Auferstehung des Herrn, denn sie sind selber auferstanden‹, Anna schaut auf Sternberg hinunter, das zu einer mittelalterlichen Stadt geworden ist, der Schäferbach wird zum Fluß, auf dem bewegen sich Kähne, zum Sinken vollbeladen mit festlich bekleideten Menschen, die sie jauchzen hört; wie sie sich auf einem Stoppelfeld bei Lippein vor dem schwarzen Hund fürchtet, der sie schon wieder umkreist, knurre nicht, Pudel.
Und Wagner ist ihr unsympathisch, das Fest, ›Juchhe! Juchhe!, Juchheisa! Heisa! He!‹ macht ihr Spaß, ›Geschrei und Fiedelbogen‹; Anna ist neun Jahre alt, sie kann sich schon vorstellen, daß Faust sich da fremd fühlt und wortkarg wird.
Der Großvater läßt sie, was er zitiert hat, wiederholen:

›Wir sind gewohnt, daß die Menschen verhöhnen,
Was sie nicht verstehen.‹

Die Waldwiese in der Dämmerung, die Wipfel sind deutlich in den Himmel gezeichnet, dahinter taucht ein Hügel auf, kaum sichtbar die Berge.

›Daß sie vor dem Guten und Schönen,
Das ihnen oft beschwerlich ist, murren;
Will es der Hund wie sie beknurren?‹

Das Kind lernt so leicht wie er: Was es einmal hört, das weiß es.
»Und mußte deswegen sogar einen Sonntagvormittag lang in der Ecke stehn, in einem Kinderheim bin ich bestraft worden, weil ich ›Ein feste Burg ist unser Gott‹ nach dem Vorlesen fehlerlos wiederholen konnte, Strophe für Strophe.«
»Das hast du schon auswendig gekonnt!«
»Nein.«
»Lüg nicht!«

Die Hügel, Berge, Waldwiesen, Täler hat Anna durch ähnliche Täler, Wiesen, Berge und Hügel ersetzt.
Sie erinnert sich an Flurnamen, nicht mehr, zu welchen Orten sie gehörten, doch die Szenen des ›Osterspaziergangs‹ sieht sie farbig, als hätte sie sie gelebt, die Melodie der Verse hat sie im Ohr. Sie hat den ›Faust‹ nur gehört, und wie gehört! nie ganz gelesen, etwas hält sie vom Lesen ab, vielleicht ist es das, was ihr dreißig Jahre lang eine Reise zurück verwehrt hat.

›Nur wenig Schritte noch hinauf zu jenem Stein,
Hier wollen wir von unsrer Wandrung rasten.‹

Auf einem der uralten, an ihrer Wetterseite von Moos bedeckten Ahornriesen läuft den Aststufen entlang ein feiner leuchtend grüner Strich, wie ein Signal, während der Rest der Krone mit dem dunklen Hintergrund zusammenfällt, unwiderstehlich angezogen, klettern die Augen diese leuchtenden Moosstufen hinauf.

›Hier saß ich oft gedankenvoll allein.‹

Hinter vereinzelt übriggebliebenen, sehr hohen, vom Wetter zerzausten Tannen steht ein Jurakamm hinter dem andern, hinter dem andern, hinter dem andern, dahinter blau die offene Weite: Tief einatmen, durchatmen: eine grenzenlose Freude.
Angesichts der ansteigenden Weide, deren leicht gespannte Wölbung von einer niedrigen Mauer aus zusammengetragenen, bemoosten Steinen präzis nachgezeichnet, unterstrichen wird: Glück, wie auf meiner Waldwiese. Als wäre dieses Stück Land ein Stück von mir selbst, als geschähe mir selbst das, was hier geschieht, als eins der jungen Pferde, die ich einmal hier angetroffen hatte, steh ich auf dieser Weide, oder bin ein hergelaufener, am Boden schnüffelnder Hund, knurre nicht, Pudel! spüre das ruhig gleichmäßige, fast träge Flügelschlagen der Vögel als eigene Bewegung.

Kristallklar ist die Luft, und die feinsten Verästelungen der Baumkronen sind plastisch scharf gezeichnet.
Kupferoxydgrüne Flächen unter den Resten Tau, da, wo sie der Schatten grade erst verlassen hat, von der Lichtbrechung der Tautropfen verfärbtes Gras.

›Hier saß ich oft gedankenvoll allein,
Und quälte mich mit Beten und mit Fasten.‹

Das stimmt nicht, nein, Beten und Fasten waren ihm, meinem Großvater, wie ich ihn kannte, zuwider.

›An Hoffnung reich, im Glauben fest‹,

das schon eher, doch ›mit Tränen, Seufzen, Händeringen‹ kann ich ihn mir beim besten Willen nicht vorstellen.

Bettelarm waren die Großeltern am Ende in Wien gelandet. Dort versuchte der Großvater, jedem, der es hören wollte, wahrscheinlich auch den andern, zu erklären, wovon er viel verstand, was er besser als andere wußte, in jahrelangen Versuchen herausgefunden hatte: Wie und was man, und sei es auf dem kleinsten Stück Boden, anbauen könne und müsse, um den nährstoff- und vitaminreichsten Ertrag zu erhalten, der die Ernährung der Menschen gewährleisten könnte. Ich sehe ›jenes unzarte, gewissermaßen nachlässige Spottlächeln... Warum uns dadurch verwirren lassen, daß wir lächerlich sind?‹ Und: ›Was tut es denn, daß auf einen Vorschreitenden eine solche Menge von Rückständigen und Unguten kommt?‹

»Ihr könnt euch gar nicht vorstellen, welche Freude mir jeder Tag macht.«

Er fühle sich sehr wohl, schreibt er seiner Tochter, Annas Mutter, nach Amerika, er gehe täglich vormittags in den Volksgarten, der wieder wunderschön instand gehalten sei, und habe sich auch mit dem Obergärtner angefreundet. Es gebe dort gegen 6000 Rosenstöcke, in den Anlagen beim Rathaus und bei der Votiv-Kirche auch herrliche Tulpenbeete. Er habe in Wien weniger Arbeit als in Sternberg, nach dem ihm nicht im mindesten bange sei, denn alle seine Freunde seien von dort weg oder tot.
»Wenn Du beim Haus noch 2 m^2 Ölkürbis und ausdauernden Lein anbaust, so hast du die beste Ernte der besten Fettpflanzen. Für vitaminreichsten Obstertrag gilt jetzt eine ca. 50 cm hohe Physalis peruviana, ähnlich meiner Physalis Franchetti (Lampionpflanze). Sie heißt auch Kap-Stachelbeere oder Ananaskirsche, wächst, im Mai ins Freie gesetzt, leicht bis zum Herbst zur Reife und ist dann ausdauernd. Von Linum perenne könntest Du mir etwas Samen schicken.«

›... welche Bedeutung die Aufnahme des einen Menschen in die Seele des anderen im Schicksal dieses Menschen haben kann. Hierbei ist ja das ganze Leben mit seinen zahllosen und verborgenen Verzweigungen mit im Spiel.‹

›Doch gehen wir! Ergraut ist schon die Welt,
Die Luft gekühlt, der Nebel fällt!‹

»Mußt du rezitieren, mußt du immerfort zitieren?« klagte die Großmutter: »Und jetzt rezitierst du deinen Faust auch noch mitten in der Nacht!«

›Ecce Homo‹

Das ist heute noch eine bekannte Autorennstrecke, die Baumstämme in den vielen Kurven sind mit alten Pneus abgepolstert; kein Mensch weiß mehr, warum diese steile Bergstraße so heißt.
›Ecce Homo‹ hinauf nach Dětřichov: Die gleiche kurvenreiche Straße sind die Großeltern in der Kalesche gefahren, am Gekreuzigten vorbei, Sonntagsausflüge zum Dittersdorfer Forsthaus und zum Großonkel mit den zwei Tanten.
»Welche war eigentlich seine Frau und welche war deren Schwester?«
Vor Anna, die neben Herrn Hauk auf dem Kutschbock sitzt, bewegt sich der Pferdepopo rhythmisch im Schritt, wiegen die glänzend gestriegelten Backen, vor ihren Augen das Roßpfudi, das sich ungeniert langsam rosa öffnet, um zu *puuzen*, »ganz ungeniert seinen viehischen Gestank auf uns loszulassen«, sich wieder langsam zusammenzuziehen, bis es sich von neuem genüßlich dehnt, öffnet, sich wulstig aufstülpt, um langsam einen festen, feuchten, ockergrünen Roßapfel nach dem andern auszudrücken und abrutschen, fallen zu lassen. Roßäpfel, wie die Kinder sie auf den Straßen zum Misten der Gartenbeete zusammenschaufeln.

Und Großmama erzählt, sie seien dreißig Jahre zuvor mit Gregor im gleichen Wagen die gleiche Strecke gefahren: »Mama, Mama!« habe er wiederholt gerufen, während sie,

die Eltern, miteinander geredet hätten, habe der Bub sich immer wieder umgedreht und auf die zurückgelegte Strecke geschaut und immer dringlicher »Mama!« gerufen.
»Kannst du nicht *einmal* Ruh geben, einmal still sein.«
Nach einer halben Stunde habe er angefangen, leise vor sich hin zu singen: »Ich weiß etwas! Ich weiß etwas, was ihr nicht wißt, ich weiß etwas, was ihr nicht wißt! Ich weiß etwas«
»Also, was ist's?«
»Ich weiß etwas, sag's aber nicht! Ich weiß etwas, sag's aber nicht!«
»Sei endlich still, oder sag es!«
»Vorhin, unten bei der zweiten Kurve, ist Mamas Tasche auf die Straße gefallen.«

Wie Anna hinter einer der ersten Kurven, kurz vor der Maut, dort, wo sie mit dem Großvater ihre kühnen Rollschuhfahrten gestartet hatte, an den Straßenrand fährt, aus dem Auto steigt, die steile Böschung hinaufklettert, quer durch den Frühlingswald bis zu einem Weg und unter den frisch sprießenden Bäumen gemütlich zum *Kippl* hinaufwandert, vergnügt, das Auge sieht sich nimmer satt, und das Ohr hört sich nimmer satt, die erfrischende Luft
»tief einatmen, gut durchatmen«, hört sie den Großvater, sie geht jetzt so selbstverständlich, als täte sie es täglich, trifft den richtigen Weg, als wäre sie erst gestern denselben Waldweg gegangen. Nur der Großvater fehlt.
Fehlt er wirklich? Hör, dort:

›Es horcht ein Hofhund hinterm Zaun –
(Achtung Hunde!)
Es horcht ein Hofhund hinterm Zaun
zur mitternächtigen Stunde.
Mit glüh'nden Augen steht der Hund
an einem Möbelwagen.‹

»Das letzte kannst du weglassen«, erinnere ich sie: »da war kein Möbelwagen.«

›Der Mensch ist fort. Die Nacht ist rund
mit Sternen ausgeschlagen.‹

Kirchen

Die Aussicht vom Kippl über die Hanna hin, bis Olomouc, rechter Hand, etwas erhöht, das Schloß, steil unter mir die Dächer, die Kirche mit ihren beiden Türmen.
(›Ein weithin sichtbares Wahrzeichen der Stadt ist die prächtige zweitürmige Pfarrkirche, ehemals Kollegiatkirche eines vom Kaiser Joseph II. aufgehobenen Augustiner-Chorherrenstiftes. 1775 von Baumeister Nikolaus Thalherr aus Fulnek erbaut‹, sei sie, laut ›Heimatboten‹, ›mit ihrem wuchtigen Tonnengewölbe eines der schönsten architektonischen Monumentalbauwerke Mährens. Berühmte Künstler wie Kuppelwieser, Late, Sebastini, Plastiker wie Schweigl und Prchal schufen den Innenschmuck. Eine besondere Sehenswürdigkeit sei das Gemälde im Kreuzgang *Die Heiligen Drei Könige* von dem berühmten Maler J. Chr. Handke. Die Kreuzwegbilder, die einzelnen Stationen Christi, wurden von Prof. Kugler gemalt.‹)
»Der Professor«, hör ich Gregor, »ist sicherlich neueren Datums.«

Gregor hatte erzählt, wie sein Großvater oder Urgroßvater, Annas Urgroßvater oder Ururgroßvater, mit seiner widerstrebenden Frau durch Italien reiste und die Vorbilder für die mährischen und böhmischen Kirchen oder wahrscheinlich Kirchen derselben Architekten, wie G. P. Tencalli und anderer Baumeister, aufsuchte. Während die Urgroßmutter sich in Gasthöfen langweilte, verbrachte er Stunden und Tage in prächtigen Kirchenschiffen, bewunderte geschnitztes Gestühl, Kanzeln, Altäre, Orgeln, suchte an den abgelegensten Orten die Bildhauer- und Stukkateurarbeiten von O. Castelli, von Dominico Gagino, Carlo Borsa, Matteo Reddi Contessi, kaum Schweigl und Prchal, und die Deckenbilder von Sebastini, Carpofero Tencalla, vielleicht auch von Handke.

»Daher kommt meine Vorliebe für schöne alte Kirchen«, sagte Gregor.

Und auch die deiner Nichte, denkt Anna, die mit ihrem Mann zusammen in Rom alle Kirchen von Boromini aufgesucht hatte. »Ist Handke, sind mährische Maler überhaupt nach Italien gekommen?«

VIII.

Brzobohatý

»Was ist aus den Brzobohatýs geworden?«
»Sie ist fort, niemand weiß, wohin. Ihn haben sie umgebracht.«
Brzo – bald, bohatý – reich: ›Laßt fahren, Herr Tod‹, den schönen Herrn Brzobohatý.
»Haben ihn ins Gefängnis gesteckt und, wie damals üblich, zu Tode geprügelt. ›Weh ohne Unterlaß fort und fort!‹ Oder nein, ich glaube, er hat sich sogar selber umgebracht. Sie haben ihn ins Gefängnis gesteckt und«
»Warum?«
»Das weiß ich nicht so genau, man hat gemunkelt, er sei anders gewesen, wahrscheinlich homosexuell, und zu weiß Gott was erpreßt worden.«
(Habe ich mich allein dadurch, daß ich lebe, einverstanden erklärt mit dem Zustand der Welt?)
»Jedenfalls hat er sich im Kriminal, vielleicht auch schon auf dem Weg zum Verhör oder aber sofort nach dem Verhör, umgebracht. Danach konnte seine Frau nicht mehr in der Stadt bleiben.«
»Das ist doch nicht möglich. Wer hat dir das gesagt?«
»Das weiß hier ein jeder. Es wird aber nicht mehr davon gesprochen.«
»Der liebenswürdige, so hilfsbereite Herr Brzobohatý? Nein. War's nicht jemand andrer? Haben sie ihn wirklich so weit gebracht, diesen jungen Mann? Der dunkle Lockenkopf, für den wir Mädchen heimlich unheimlich schwärmten, wenn er, groß und schlank und fast immer vergnügt, einen Stapel Post auf dem Arm, von einer Abteilung mit Schachteln zur andern Abteilung mit Paketen morgens noch und noch und nachmittags mehrmals über den großen Fabrikhof ging.« Das

allervornehmste, das allergeschickteste und das allerfreieste Werkstück Gottes. Laßt fahren, Herr Tod!

»Und als wir dann in unserem Versteck unterm Dach völlig verängstigt, hungrig und am Ende waren, *nein*, ich habe mich nicht einverstanden erklärt mit dem Zustand der Welt, aber nun stand eines Nachts ein Schutzengel da«:
Frau Brzobohatá, wie von ihrem Schlafzimmerbild heruntergestiegen, führte die beiden Fünfzehnjährigen zu sich, die Cousine und Anna, wieder heimlich im Dunkeln, steckte sie ins Bett, in ihr breites Ehebett, wo der Bewunderte und sie den Rest dieser Nacht ruhig neben ihnen schliefen. Am nächsten Tag brachte sie die Cousine zu einem Bauern in einem abgelegenen Dorf und Anna ans andere Ende der Stadt, in den Großhof, den Žerotínov, zum frommen Bauern Musil.

Žerotínov

»Du warst eigentlich nicht sehr lange bei uns«, meint Josef.
»Die schlimmsten Wochen, die gefährlichsten Monate«, erinnert Anna, »vom Mai bis nach der Ernte. Eure Eltern hatten mich aufgenommen und behandelt wie ein eigenes Kind. Zu der Zeit hast du Böses wie Gutes, fremde Freunde und längst vertraute Feinde mit einem Blick erkannt, an einer Geste, in Minuten gewußt, mit wem du es zu tun hattest.«
Als Anna zum ersten Mal zurückkam, hat Mutter Musilova sie überrascht, freudig, liebevoll umarmt als eine jahrzehntelang verschollene Tochter; auch Anna hatte all die Jahre an die Familie gedacht, an die Buben und an Helena, an die üppige, herzliche Mutter mit ihrem ovalen strahlenden Gesicht, den ruhigen, freundlichen Vater, wie an Verwandte. (Wie alt die Buben geworden sind, wie geschrumpft die robuste Mutter.)

Übrigens sitzt vieles fest in ihrem Hirn und ist durch Neues nicht wegzubringen.
So kann sie immer noch die Straße von Brzobohatýs Wohnung oder von noch höher, von Josefs Haus, zum großen dunkelgrauen Arbeitermietshaus hinunterrodeln. Man könnte auch den erdigen Fahrweg vom Žerotínov hinunterrodeln, würde es schneien, nur gibt es keinen Žerotínov mehr:
Versteh das doch endlich und stell dir, wo einmal der barocke Großhof stand, anstelle des großen Gevierts aus niedrigen Bauernhäusern und Ställen, Höfen und Gärten, hohe Wohnblocks vor. Natürlich ist der Fahrweg, Žerotínova ulice, jetzt asphaltiert. Aber das alte Häuserviereck setzt sich, kaum ist Anna wieder zu Hause, von neuem zusammen, bleibt unzerstört in ihr.

Sie fährt ein Stück weiter und um die Ecke, da steht jetzt Pavels Haus. Zwischen ihm und seinem Zwillingsbruder Josef liegt ihre Stadt. Im Garten gackern Hühner. Slávka, Josefs Frau, ist, als sie Pavel nicht zu Hause fanden, weggelaufen und nach kurzem mit einer Frau zurückgekommen, die Anna von früher her hätte kennen sollen und auch tatsächlich wiedererkannt hat. Die bat man zu dolmetschen. Wie vieles sie doch noch kennt, so mühsam, widerstrebend wiedererkennt.

Der Herr ist mein Hirte

»Schmeckt's?« fragt Slávka.
Anna nickt. Brambory.
»Schmeckt's gut?« fragt Slávka, und Anna könnte Ja sagen, sie kann doch Ano sagen und Ne und sonst noch ein paar Wörter, aber das hier ist keine Frage von gut oder nicht gut. Slávka ist angeheiratet, wie die echten, die himmlischen

Plazki, *placky se škvarkama* aus den schlechten Zeiten schmecken müssen, wie sollte sie, oder sonst jemand außer uns, das wissen.
»Richtig? Schmeckt's richtig?« fragt Josef. Er hat am Abend nach der Arbeit die rohen Kartoffeln gerieben, so wie seinerzeit sein Vater sonntags vor dem Kirchgang.
»Du kommst morgen doch mit in die Kirche.«
Kirche ist jetzt in der Villa von Mimis Cousin, im Salon. Im ehemaligen Salon der ehemaligen Kirschvilla.
Zerdrück die placky genüßlich im Mund, schieb die Bissen von einer Wangentasche in die andre, derweil die Grammeln zerbeißen, daß sich der Geschmack von Grammeln und placky mischt. Und sag Ja.
»Ja«, sagt sie: »Die Zeit ist stehengeblieben in uns.«
»Ganz richtig?« fragt Pavel.
»So wie früher?« fragt Josef.
Nur die letzten placky sind so knusprig, wie ich sie mir erhofft hatte. Wie sie sein sollten.
Paní Musilová hat sie, große Fladen, direkt auf der Herdplatte gebraten, dann die Grammeln im ausgelassenen Fett drübergeleert. (Eine Woche zuvor hatte Anna gehungert, nun rann ihr das Grammelfett übers Kinn.)
Wenn man nicht reden kann miteinander, kann man miteinander essen.
»So wie gestern, vor fünfundvierzig Jahren.«
Bramborové placky und Erdäpfelpuffer sind nicht ein und dasselbe. Grammeln sind Grieben.
Beeinflussen Namen den Geschmack?
Josef brät die placky, so wie Anna heute auch, auf Vorrat in der Pfanne.
»Die Mutter hat sie im alten Haus direkt auf dem Holzherd gebraten«, sagt Pavel. »Bis zuletzt.«
In der niedrigen Küche mit den Bibelsprüchen an den Wänden.

HOSPODIN JEST MŮJ PASTÝŘ (23. Ps.)
»War, wenn ich mich recht erinnere, auch mein Konfirmationsspruch, die Konfirmation kurz vor Kriegsende, wenige Wochen, bevor ich zu euch kam.«
Beten vor dem Essen. Sie halten sich rundum die Hände: »Gesegnete Mahlzeit.«
Im Velký dvůr oder Großhof, in einem der Häuschen im barocken Žerotínov, wo seit den zwanziger Jahren die Böhmischen Brüder angesiedelt waren. Zwölf Familien, schätzt sie. In der Gegenreformation waren sie nach Rußland geflohen und wurden, eine patriotische Tat, während der ersten tschechischen Republik zurückgerufen.
»Aber unsre Frömmigkeit ist uns dann, in den vergangenen vierzig Jahren, als unpatriotisch angekreidet worden und durch vielerlei Schikanen, Restriktionen, auch Berufsverbot, hat man versucht, sie uns auszutreiben. So durfte ich, der Lehrer geworden war, keinen Tag unterrichten, Josefs Kinder konnten das Gymnasium nicht besuchen, solange wir bei unsrem Glauben blieben. Und am Ende hat man uns durch den Abbruch des Žerotínovs für unser Durchhalten bestraft, hat uns an den verschiedensten Orten untergebracht, möglichst weit voneinander entfernt, um unsren jahrhundertealten Zusammenhalt zu zerstören«, übersetzt Zdenka, eine gestandene, beleibte Frau, etwas mühsam Pavels Erzählung.
»Kannst du dich nicht mehr an die kleine Zdenka von nebenan erinnern?«

»Ich fürchte«, sagt Anna, »meine Kindheitsgefühle, die Angst, mein Zurückweichen, Mißtrauen gegenüber Kommissaren oder diesen ähnlichen Typen, werd ich nicht so bald los. Und wo sollte die ganz spezifische Grausamkeit dieser Epoche hin sein? Einfach aus der Welt, für immer verschwunden?«
»Nein, denk an die Torturen, die jetzt, die auch heute, zum Teil an den gleichen Orten wie früher, unvorstellbar grausam geschehn.«

Leider kann sie sich vorstellen, leider können alle, die hier um den Tisch sitzen, sich vorstellen, zu was Haß imstande ist.

Hinter der Küche war das Schlafzimmer der Eltern, das Bett immer schön hergerichtet, die vier Kopfpolster hoch- und quergestellt, mit einer genau in der Mitte eingedrückten Mulde: »Das braucht Übung, kriegst du so leicht nicht ordentlich hin.«
In einer kleinen, vom Heustall mit Brettern abgetrennten Kammer schliefen Helena, die fünfzehnjährige Tochter und die ebenfalls fünfzehnjährige Magd.
Služka – die Magd. Kůň – das Pferd. Stodola – die Scheune, krk – Hals, prst – Finger.
»Služka war ich.«
»Du hast immer *kunji* gesagt«, lacht Josef.
»Ja, sie hat den störrischen, verschnupften Gaul beim täglichen Striegeln *kunji* gerufen. *Kunji* statt koně, koni, Maxim, unser krankes, den Russen abgehandeltes Pferd.«
Pavel und Josef waren da neun.

Den Žerotínov oder Großhof, acht, vielleicht zwölf kleine einstöckige Häuser, Ställe und Scheunen aneinander, im großen Viereck um die Gärten in der Mitte gebaut, hat Anna vergebens gesucht, nur eine Straße heißt noch so, dort stehn ein paar Häuserblocks.
»Wie hast du uns wiedergefunden?«
»Ja, wie? Nach langem Kopfzerbrechen hab ich von Olomouc aus beim Amt, beim Národní výbor, nachfragen lassen: Musil, Pavel und Josef, Zwillinge, Jahrgang 36, zuletzt wohnhaft im Žerotínov, Zábřeh na Moravě.«

Die haben in der Küche geschlafen. Die Bänke, auf denen sie schliefen, hat Anna jeden Samstag mit Sand geschrubbt, so wie den Tisch, alle Stühle und natürlich den Boden.

»Und uns«, lachen die Zwillinge, sie habe mit der Mutter den Zuber auf den Gang gestellt, heißes Wasser vom Herd eimerweise angeschleppt und die Buben abgeschrubbt, vom kurzgeschorenen Kopf bis zu den schwarzen Füßen.

Ein paar Wörter versteht sie noch von der Sprache, die Anna einmal von den Bauern, zu schnell, notdürftig für Haus- und Stallgebrauch gelernt hat. Man kann sich mit Pantomime behelfen.

Služka, die Magd schrubbt auf den Knien; der besoffene Russe, der die Küche nach Alkohol absucht, schaut dich an, abgemagert und in Bubenhosen und mit kurzen Haaren bei der Frauenarbeit:
Etwas wie: »Je to chlapec nebo děvče?« Bub oder Mädchen?
»Und schon bist du weg«, erinnert sich Josef, »fort durchs Fenster. Der Soldat ist nicht mehr imstande, dir nachzulaufen, aber er findet den Brennsprit, setzt die Flasche an und liegt bald darauf steif, als wär er tot, am Boden.«
»Unser kostbarer Spiritus«, sagt Pavel.

Sie erinnern sich an dasselbe, was ihre Mutter beim ersten Wiedersehn erzählt hatte, vor vierzehn Jahren. Wie die Frauen sich einmal aus Angst im hochstehenden Korn blitzschnell versteckt hatten; als Anna mit dem großen Jausenkorb angeradelt kam, war niemand auf dem Feld, alle verschwunden, und erst auf ihr Rufen hin tauchte eine nach der andern aus dem Nachbarfeld: von weitem hatten sie Anna mit ihrem roten Käppi für einen Soldaten gehalten. Wie schnell sie melken und zu den Schweinen und zum Pferd schauen gelernt hatte, *šikovná*, hat paní Musilová gesagt und Annas Wange gestreichelt; wie sie mit dem Roß ganz allein hinaus gefahren sei, Futtergras mähen,
»und mit dem Vater in den Hostejner Wald holzen gefahren«, erzählt Pavel;

»das war das Schönste«, erinnert sich Anna: »Auf dem stundenlangen Weg hat er Mundharmonika gespielt«;
»so«, hatte er ihr den Lippenansatz gezeigt: »Versuch's mal, schau so, und jetzt spiel du!«
»Ja«, sagt Josef, »das war ein Mundharmonikaspieler!«
Und wie die spindeldünne Anna auf dem Feld geschuftet habe wie eine Große, hat paní Musilová sich erinnert: wie eine, die nie was anderes getan hat, bis zum Zusammenbruch,
»bis du nicht mehr schlafen und dich kaum mehr auf den Beinen hast halten können, von uns weg mußtest und zum Zeißig, unserem Schuster, gekommen bist.«

Die Zwillinge sagen heute Wort für Wort dasselbe wie ihre Mutter, und diese hat genau das erzählt, was Anna über dreißig Jahre im Kopf gehabt hatte.
Dreißig Jahre lang denkst du an etwas, erzählst du dir, wem denn sonst, die alten Geschichten. Sind das dann noch dieselben Geschichten, machst du dir da nicht längst etwas vor?
Ihre Freude, ihr Arbeitseifer aus Bewunderung, aus Liebe zu dieser Familie, alles ist der alten Frau genauso wie Anna in Erinnerung geblieben.
Hätten sie, paní Musilová und Anna, die Vergangenheit auf die gleiche Weise langsam verändern und verbessern können?

»Du kannst doch jetzt nicht wieder wegfahren. Kaum zurückgekommen, schon wieder fortgehn.« Und Slávka richtet ihr ein Bett her: »Wann immer du kommst, hier bist du zu Hause.«
Morgen werden sie sich über die Fotoalben beugen und über die Bilder, die Anna mitgebracht hat.

»Seit vierzehn Jahren hab' ich diese Fotos schicken wollen.«
Sie hat die Bilder hervorgekramt hie und da, angeschaut: Im

Hof die ganze Familie, die sehr alte Mutter, die Zwillinge um die Vierzig, Slávka und die Kinder, Pavel mit Anna, paní Musilová mit ihr unter einem Apfelbaum, der Hof, verschiedene Ansichten des Žerotínovs, verschiedene Ansichten der Stadt, der Kindergarten verfallen, verlottert ihr Elternhaus, alles ist auf Vergänglichkeit gegründet, aber frisch renoviert ihr Gymnasium, ein paar Bilder von der Umgebung, Zohse, Teich und darüber der Steinbruch.
»Gut, daß du keine Zeile geschrieben und die Bilder nicht geschickt hast«, sagt Pavel.
»Ein Brief aus dem Westen wäre uns hier schlecht angeschrieben worden«, sagt Zdenka.

Auf dem Friedhof

Vor dem Gottesdienst gehen sie, Slávka, der alte Arbeiter, den Slávka vor dem Spaziergang drei Straßen weit zum Übersetzen gesucht hatte, und Anna, auf den Friedhof.

Mutter Musilova hat ihren Mann siebenundzwanzig Jahre überlebt.
›Vertilge den greulichen Tod, er betrübt und zerstört Dir Dein ganzes irdisches Reich. Das Tüchtige nimmt er eher hin als das Untüchtige. Die Guten und die Nützlichen rafft er alle hin‹, sagt ›Der Ackermann aus Böhmen‹ zum Tod.

Pane Musil habe den Verlust seines Hofs nicht verwinden können. Zu viel Ärger in der Kolchose habe ihn krank gemacht, sage Slávka, sagt der Arbeiter.
»Was sind das für Bauern, das sind Angestellte, das sind Bürolisten! Ohne Verstand, ohne Liebe!«
›Was böse ist, das nennen gut, was gut ist, das nennen böse, unverständige Leute.‹
»Die richten mir ja alles zugrund! Die Tiere, alle Obstbäume,

sogar die Erde richten sie mir mit ihrer Sauwirtschaft zugrund.«
›Der Kläger klagt seinen Verlust ein, als ob der sein Erbgut wäre, er bedenkt nicht, daß ihm das Verlorene von uns geliehen war‹, sagt der Tod zum ›Ackermann aus Böhmen‹ oder dem aus Mähren.

Pavel habe die Mutter nach der Zerstörung des Žerotínovs zu sich genommen und sie bis zum Ende, vorletztes Jahr, liebevoll gepflegt, sage Slávka, sagt der Arbeiter.

Ein Traktor

Ein Traktor fährt quer durch meinen Garten, im Traum, direkt am Haus vorbei und zieht dabei eine tiefe Spur, die sich auf beiden Seiten weit fortsetzt, eine Durchgangsstraße. Die Klägerin klagt ihren Verlust ein, als ob der ihr Erbgut wäre, sie bedenkt nicht, daß ihr das Verlorene geliehen war.
Und ich sehe, daß alle Bäume bereits entsprechend, das heißt parallel zu dieser Straße, gepflanzt wurden. Die anderen Anwohner haben sich also schon vorgesehen, haben ihre Pflanzungen dieser zukünftigen, wohl unvermeidlichen Linie, der neuen Fahrtrichtung angepaßt.
Etwas in den verwüsteten Feldern, in denen wir, jeder für sich, in verschiedene Richtungen voneinander fortgehn, um irgendwas zu suchen. Wahrscheinlich hinter den Hügeln, ja, auch in den Bergen ist etwas zu finden. Aber was war's? Was für Fundstücke? Und warum diese Enttäuschung, sogar Verzweiflung?
Ist Anna von neuem dabei, Bombensplitter zu sammeln? Wie als Kind, aber nicht hier, an andern Orten:
»Solange du nicht selber eine Bombe auf den Kopf kriegst, kannst du täglich auf dem Schulweg, auf den verschiedenen Wegen, die Reste dieser Bomben suchen, sie nach Größe und

Form zusammenstellen, ordnen, sammeln, einzelne seltene Stücke, halbe rostige Gewinde tauschen, mit deinen Splittern handeln.«
›Die Erde und alles, was sie enthält, ist auf Vergänglichkeit gegründet. Zu dieser Zeit ist sie schadhaft geworden, denn alle Dinge haben sich verkehrt, das Hintere nach vorn, das Vordere nach hinten, das Untere zum Berg, das Obere zum Tal. Alle Menschen sind mehr zum Bösen denn zum Guten geneigt. Tut aber jemand etwas Gutes, tut er das aus Furcht vor uns, dem Tod.‹

»Direkt neben den schönsten Ruhepunkten, den friedlichen Oasen liegt die Angst, die Gefahr der Störung«, sage Slávka, sagt der Übersetzer: »Wenn nicht sogar Zerstörung. Und ist bald schon mehr als Angst: die verzweifelte Gewißheit, alle Dinge haben sich verkehrt, die Welt wird nach anderen als deinen Gesichtspunkten erklärt und geordnet, nicht nach deinen Werten neu eingeteilt.«
›Was böse ist, das nennen gut, was gut ist, das nennen böse, unverständige Leute.‹
»Reiche gehören zu Reichen, Arme zu Armen, und ein jeder hilft nur seinesgleichen«, sagt der Übersetzer: »Eine neue, eine grausame Weltordnung ersetzt unsre alte grausame Ordnung, und keiner der Verbündeten schreit Zeter und Mordio?«

»Die Zeit vergeht nur zum Schein, die Zeit ist stehengeblieben in uns«, sagt Anna, und sie fürchte, von ihren Kindheitsgefühlen, der Angst, dem Mißtrauen, werde sie nicht so bald, wenn überhaupt je Abstand oder gar Abschied nehmen können. Diese alte Furcht sei sicher anders als die Verfolgungsangst von Menschen, die nie in einem solchen System gelebt haben. Und die großen Umwälzungen hier und anderswo könne sie ebensowenig innerlich nachvollziehen wie andere wichtige Veränderungen, etwa den Tod eines Freundes: »Zwar weiß ich, was geschehen ist, fühle es aber noch nicht, hätte längere Zeit nötig, mein Gefühl braucht einen längeren Übergang, träge, sehr schwerfällig, kann oder will es sich nicht schlagartig ändern.«

Wir stehen an vor ihm

eine stille dunkle Reihe vor dem Sarg eines Kollegen, den wir bewundert, geliebt, oft auch gefürchtet haben.
»*Sein* Sarg? Andre haben ihn für ihn ausgesucht.«
»In seinem Sinn. Es gibt doch noch einfache Särge aus hellem, unlackiertem Holz.«
Ein Stück des Bretts über dem Kopf ist zur Seite geschoben. Vor mir steht Mariella und schaut lange in dieses Loch hinein, sehr lange. Der am Morgen geschnittene Rosenzweig, den ich zu dem steifen, künstlich wirkenden Sargbouquet lege, ist verwelkt, wie die Erde und alles, was sie enthält, auf Vergänglichkeit gegründet, und zu dieser Zeit ist sie schadhaft geworden. Ich steh nun neben ihm und seh den großen Kopf, schadhaft geworden, schau hinunter in sein Gesicht. Rot, sehr groß und breit, schrecklich angelaufen, um die Augen, die zugedrückten Lider blau, dunkel unterlaufen, ein großer Teil des Nasenrückens abgeschürft, schwarz verkrustet.
Der Mensch sei das allervornehmste, das allergeschickteste und das allerfreieste Werkstück Gottes.
Doch, das ist er, zornig, entsetzt, wirkt gar nicht tot, das allerfreieste Werkstück Gottes. Tot sind seine steif daliegenden Arme und die aus den weißen Totenhemdärmeln herauskommenden Hände, nicht christlich gefaltet, gottlob, eine Hand schräg hinuntergeglitten. Das war er.
Ich vermisse die Mähne, die hinter der enormen roten Stirnglatze unter dem Kopf versteckt sein muß, verscheuche mein Entsetzen, zwinge mich, diesen Kopf, das allervornehmste Werkstück Gottes, anzusehen, Stirn, Schläfen, Brauen, Augen, Nase, Backen, Mund, Kinn wiederzuerkennen. Schad-

haft geworden. Ein beunruhigender Anblick, der sich in mir festzusetzen versucht, um mir liebere Bilder, ermutigendere Erinnerungen zu verdecken. Laß fahren! Anschauen ist unverschämt. Auch Wegsehn wäre hier unerlaubt und jetzt nicht mehr möglich.
Laßt fahren, Herr Tod!
Das war kein friedlicher Tod. Was ist mit diesem kühnen Mann passiert, vor den Tabletten, vor dem Plastiksack? Werdet um Gottes willen keine Künstler! Wie war das Ende?

›Du fragst, wer wir seien? Wir sind nichts und sind doch etwas‹, antwortet der Tod dem Ackermann aus Böhmen:
›Deshalb nichts, weil wir weder Leben noch Wesen noch Gestalt noch Aufenthalt haben, kein Geist sind, nicht sichtbar, nicht greifbar sind; deshalb etwas, weil wir des Lebens Ende sind, des Daseins Ende, des Nichtseins Anfang, ein Mittelding zwischen ihnen beiden.‹

»Die Roma«, sagt Mariella, »halten Wache bei ihren Toten, weinen, klagen drei Tage und drei Nächte lang, und beim Totenmahl, das dauert meist tagelang, sprechen wir nur von den Verstorbenen, vom Guten und auch vom Schlechten.«

Nachdem wir eine Weile vor dem Krematorium herumgestanden sind, grüppchenweise, die Familie, Freunde, Freundinnen, die Kolleginnen, Kollegen, sitzen wir im nahen ›Schlößli‹ an verschiedenen Tischen, trinken, und wir essen auch ein wenig und sprechen von ihm; sind aber, trotz Trauer, Schreck und unseren quälenden Fragen, oder grade deswegen, nicht imstande, zwei Stunden lang von nichts anderem als von ihm, von dem es doch so viel zu erinnern und zu berichten gibt, zu reden.

Später, im Auto auf dem Weg zum Bahnhof, bei Rotlicht, stehen wir neben erleuchteten Fenstern, und
»schau!« hinter diesen niedrigen Fenstern hinter den Beinen

der Passanten, in einem Kellerlokal, seh ich die Köpfe und Oberkörper von puppenartigen Figuren, schön hergerichtet: geschminkt, frisiert, sauber, ordentlich, fast elegant gekleidet, ganz starr, die offenen Augen alle auf denselben Punkt vor sich gerichtet.
Plötzlich eine Bewegung, einer der Köpfe hat genickt.
Grünes Licht: Wir fahren weiter.

Roma

Nicht weit vom Grab der Eltern Musil entfernt liegt Kratochvíl, den Anna als Kind am Himmel kreisend bewundert oder gar beneidet hatte. Sie betrachten Kratochvíls abstürzendes Flugzeug, in Stein gehauen.
»Und diese prächtigen Monumente sind Zigeunergräber«, erklärt der Dolmetscher: »Die Zigeuner haben die feudalsten Grabstätten der vertriebenen Familien übernommen.«
Auf die sauber abgeschliffenen und polierten Marmorfassaden und in Tempelchen haben sie zu Namen und Daten ihre naturalistischen oder geschönten Porträts gravieren lassen, kühn aufgedrehte Schnurrbärte, gerades, über die Schultern wallendes Haar, ganze Familien nebeneinander aufgereiht.
»Du solltest mal so ein Zigeunerbegräbnis hier sehen, aus ganz Europa strömen sie zusammen, ein ungeheures Fest«, sagt Slávka.
»Tatsächlich, jedes Mal wieder ein ungeheures Ereignis«, sagt der Dolmetscher.

»Die Zigeuner«, erzählte Mariella, meine jenische Freundin, »ja, wir haben beschlossen, zum Namen Zigeuner zu stehn, denn die Seßhaften, um nicht *Gadjes* zu sagen, richten mit den Bezeichnungen Roma, Szinti, Jenische ein verwirrendes Durcheinander an, die Zigeuner also halten drei Tage und drei Nächte lang Totenwache, weinen, klagen laut und waschen sich so lange nicht. Zum Begräbnis, einem großen Fest, wird gebadet, viele kommen von weither, in ihren schönsten Kleidern essen und trinken sie, manchmal tagelang, und sprechen nur von den Verstorbenen, erinnern sich und reden über ihre Erfahrungen.« Oft kann ein Mann, der anhebt zu reden, nicht mehr aufhören, er werde denn unterbrochen. Er werde aber nicht unterbrochen, bevor er nicht alles, Gutes wie Böses, habe sagen oder, wie in manchen Stämmen noch Sitte, habe singen können. Wehe, wenn nicht, dann komme der Mulŏ nicht zur Ruhe, könne der Totengeist nicht gehn, und so wie er gelebt habe, treibe er sich um, unruhig, ziellos, oder bleibe an den alten Orten, wohne weiter im Wagen oder in der Wohnung, die Hinterbliebenen würden ihn nie mehr los.

»Ach, die Zigeuner«, klagt der Dolmetscher: »eine schreckliche Plage, verlottern, zerstören alles, ruinieren uns die schönsten Häuser.«

»Man hat sie ja mit Absicht gerade in diese Häuser gewiesen, in den früher von den Deutschen bewohnten, nach deren Vertreibung fast leergeräumten Gegenden wurden die Roma angesiedelt«, wendet Slávka ein, und als auch Anna etwas sagen will, unterbricht sie der Mann: »Sie stehlen und drücken sich vor jeder anständigen Arbeit und rauben uns aus, das Pack wird von jedem ordentlichen Bürger gehaßt«, er selbst tönt jetzt drohend: »Die kriegen sieben, acht oder gar neun Kinder, eine Plage, alle stehlen, die ganze Stadt, die Dörfer rundum, die ganze Gegend ist voller Zigeuner, vertreiben muß man das Gesindel, totschlagen sollte man die!«

Anna hört das, schaudernd, hier nicht zum erstenmal, er ist längst nicht der einzige, von dem sie sowas hört.

»Es ist entsetzlich«, sagt Slávka, »sie schlagen die armen Teufel tatsächlich tot.«

Vierzig Jahre lang habe er, der Dolmetscher, in der Färberei gearbeitet, davor sei er, bis zum Umsturz von '48, Berufsoffizier gewesen. Alles veraltert, klagt er, die alten Maschinen, Automaten, die vor dem Krieg modern waren, seien immer noch in Verwendung.
»Schade, daß Sonntag ist, sonst könnte ich Ihnen die Fabrik zeigen.«

Der Einzug jetzt, im Frühling 1990, Wiedereinzug der Fabrikanten. Bat'a in Zlín. Davon wird in den Zeitungen wie von einem Staatsbesuch berichtet. Wie werden die Verhandlungen ausgehn? Man hoffe sehr, Bat'a übernehme seine verstaatlichte und in der Zwischenzeit zugrunde gerichtete Schuhfabrik wieder, verlange sie zurück, um sie wieder rentabel zu machen, sagt der Färber, unser Dolmetscher.

»›Bat'a, Bat'a deine Werke
sind in Zlín‹,

haben wir als Kinder gesungen:

›Du machst Schuhe, Potschen, Lotschen
in vierzehn Tagen sind sie hin.‹«

»Den dummen Vers kenn ich noch«, sagt der Färber: »Und Gottwaldov heißt auch wieder Zlín.«

Anekdoten vom Lieben Herrn, wie etwa von einem, der einen im Regen grabenden Arbeiter bedauert und später in seinem Büro großzügig beschenkt habe, hundert Kronen, vor dem Krieg ein Vermögen, heute noch viel Geld, solche wahre Geschichten erzähle man sich, erzählten sich sogar ehemalige Kommunisten, sagt der Färber.

»Karl Marx hätte in der ČSSR nicht existieren können«, meint Anna: »In diesem marxistischen Land wäre Marx, als Deutscher vertrieben, als Bürgerlicher kaltgestellt und als Jude verfemt, dreifach verfolgt worden.«

Sie habe auf ihrer ersten Reise nicht nur Kafkas ›Brief an den Vater‹, sondern auch einen Band ›Marx‹ bei sich getragen, habe aber nach allem, was sie damals schon über Zigeuner wie Bürgerliche, über Juden wie Deutsche anhören mußte, kaum gewagt, diese Überlegung auszusprechen.

Das Schloß wird renoviert. Der alte Kindergarten ist abgerissen worden, vor kurzem erst.
»Kindergarten ist jetzt in deinem Elternhaus.«
»Du könntest, wenn nicht Sonntag wäre ...«
»Nein danke.«

Einen Schritt nach dem andern

Einen Schritt nach dem andern die Stiege hinunter, die breite Steinstiege, die von der Terrasse an der Gartenseite des Hauses in den unteren Garten führt. Die hohen Glastüren sind weit geöffnet, das Wohnzimmer, der niedrige Tisch mit den von der Mutter entworfenen, schweren, zinnoberroten Fauteuils, steht offen im Sonnenlicht.
Die Taufgesellschaft bewegt sich aus dem Salon nach und nach heraus auf die Terrasse, einer um den andern: der Großvater natürlich zuerst, ihn zieht es wie immer ins Freie, so wie die drei kleinen Mädchen in ihren gleichen hellen, geblümten leichten Kleidern, weiße Maschen im gleichgeschnittenen Haar, das jeder anders, zweien steckengrad, einer aber gelockt fällt,
»so hübsche Locken!« sagt die Tante,
»wartet, nicht so wild, paßt auf, daß ihr euch nicht schmutzig macht!« mahnt Großmama.
Neben ihr ihre Tochter, die junge Mutter mit ihrem Kind auf dem Arm, nein, es ist eher deren ältere Schwester, die den

Kleinen trägt, und hier kommt, mit dem Pfarrer redend, der Vater. Pfarrer Drgala, der wie alle unsre evangelischen Pfarrer aus einer lutheranischen Enklave im hintersten Zipfel der Slowakei stammt, spricht mit starkem Akzent,
»er pemaklt«, sagt die Mutter.
Noch mehr Tanten und Onkeln, Cousins und Cousinen treten heraus an die Sonne.
»So, stellt euch schön auf, die Kinder auf die Stiege, kommt, kommt schon, stellt euch da hin, so, komm, Anna, eine Stufe tiefer, einen Schritt, noch eine Stufe tiefer.«
»Was heißt das, *pemakeln*?«
»Mit böhmischem, also tschechischem Akzent ›böhmisch‹ reden.«
»Wer hat euch fotografiert? Auf dem Bild fehlt ein Onkel.«
»Gregor war mit Jacqueline längst in Paris.«
Der Großvater steht ungewohnt steif in einem an ihm ungewohnten Anzug, ein etwa Sechzigjähriger, der blauäugig in die Luft schaut, sein kurzer grauer Spitzbart verdeckt das Kinn. Daneben lächelt stolz die Großmutter, sich am Stock aufrichtend, mit ihren sanften, aus Como stammenden Augen, die sonst dunkel und aufs Unheil gerichtet in die Zukunft blicken, dem unausweichlich auf sie Zukommenden entgegensehen. Die Tante, eine zarte, auffallend schöne Frau, hat ihrer noch sehr jungen Schwester den Jüngsten in den Arm gelegt. Die lächelt,
»als würdest du dich in dieser Pose schämen.«
»Ja, mir liegt die Mutterrolle nicht«, sagt die Mutter. Und der Vater wirft noch einen zufriedenen Blick auf seinen sehnlich erwarteten Sohn, schaut dann stolz in den Apparat.
»Es fehlt sein Vater.«
»Der ist auf der Jagd.«
»Es fehlt auch seine Mutter.«
»Sie ist schon in der Schweiz.«
»Warum?«
»Pst. Davon wird nicht gesprochen.«

Um den Täufling, seine Eltern und Paten sind Tanten, Onkels, Schwestern, Cousins und Cousinen und der Herr Pfarrer endlich schön aufgestellt und blinzeln ins Objektiv oder in die Frühlingssonne. »Heuer werden die meisten Buben Adolf getauft«, sagt Pfarrer Drgala.
Die Gegend ist seit ein paar Monaten nicht mehr Tschechoslowakei, die deutsche Bevölkerung vom neuen deutschen Geist begeistert, so mancher fanatisiert und, sicher ist sicher, der Vater wird dem Neugeborenen, wie auch sein Bruder seinem Sohn, so bald wie möglich den Großteil des Betriebs überschreiben. Denn der Krieg wird in kurzem ausbrechen. Sie wissen, was ihnen bevorstehen könnte, sicher ist sicher.

Die hohen Glastüren waren eingeschlagen, sechs Jahre später, um die gleiche Jahreszeit.
»Gehört Ihnen das Haus, gehört Ihnen die Fabrik?«
»Kapitalisten?« fragten die Kommissare und schleppten die sich wehrenden Männer in ein russisches Lager, den Vater und den Onkel, die, von den Alliierten aus einem deutschen Lager befreit, quer durch das zertrümmerte Deutschland und die halbe Tschechoslowakei gewandert und gerade erst zu Hause angekommen waren.
›Was böse ist, das nennen gut, was gut ist, das nennen böse, unverständige Leute.‹

Das Wohnzimmer, der niedrige Tisch mit den vor langem von der Mutter gezeichneten und den inzwischen dazugekommenen andern, zierlicheren Fauteuils, stand offen im Sonnenlicht.
»Celyj garnitur«, haben die Soldaten vergebens gesucht, »celyj garnitur«, die hätten sie mitnehmen wollen: Eine vollständige Möbel*garnitur* gab es zu ihrer Enttäuschung nicht.

Eine Stufe, die zweite Stufe, drei, vier, fünf Stufen. Langsam, vorsichtig, eine nach der andern hinunter in die Erinnerung. Die Trockenmauer links und rechts der Stiege ist überwachsen mit Steinbrech, Iberis,
»schau, wie schön dieser niedrige rosa Phlox ist, die dunkelvioletten Aubrietien und die andern bunten Polster«, ruft die Tante: »Weißt du, wie das hier und wie dieses heißt? Die Namen sind mir entfallen.«

Vor Anna liegt, was mal ein Rasen war, die Wiese, durch die ein kleines Mädchen läuft, mit ausgebreiteten Armen, als wollte es Margeriten, Knöterich, Salbei, Rapunzel und Glokkenblumen umfassen, im hellen, frischgebügelten Sommerkleidchen, das hohe Gras reicht ihm bis an die steif im Haar stehende, große rote Masche.
»Nein, du darfst dich jetzt nicht ins hochstehende Gras zwischen oder gar auf all die Blumen legen!«
»Tu ich doch nicht. Lieber schaukle ich in der Hängematte.«
Diese Wiese, in den Kriegsjahren zweimal jährlich mit der Sense gemäht, wird von einer Kastanienallee begrenzt, die vom anderen, dem alten Haus zum Hinterausgang gegen den Teich zu führt und den Park halbiert.

Wenn man den Weg nach rechts aufs alte Haus zugeht, steht da hell- und dunkellila und weiß das Fliedergesträuch, man atmet den Frühling ein. Mitten im süßen Duft hatte das kleine Mädchen mit der Masche für sich, Teddybär und Puppe ein Nest eingerichtet, um unauffindbar zu träumen. Dann bald einmal ohne Spielzeug zu lesen, versteckt vor den kleinen Geschwistern, die immerfort störten, vor dem Fräulein und seinen ständigen Forderungen, vom dichten Laub rundum vor beaufsichtigenden Blicken verdeckt, für sich zu sein.
»Wo ist sie denn? Wo hat sie sich denn wieder versteckt, warum bleibt sie denn nicht bei uns? Wie der Gregor!«

Gegenüber das Waschhaus.
Geht man den Weg der Terrassenmauer mit ihren Polsterpflanzen entlang,
»du mußt die Wurzeln der jungen Pflanzen zuerst in Lehmwasser tauchen, sie in eine Fuge zwischen die Steine drükken«, zeigte Großpapa, und sorgfältig nahm er lehmige Erde dazu und einen Zweig: »Nimm ein zugespitztes Holz zum Pflanzen und streich die Fuge dann mit Lehm ganz und gar zu, schau so.«
»Nur mit Lehm?«
»Reiner Lehm, der hält die Feuchtigkeit, so trocknen die Wurzeln nicht aus.«

Geht man den Weg an der Terrassenmauer entlang nach links, so kommt man zu einer Baumgruppe um eine ausladende Blutbuche, darunter stehen ein massiver Holztisch und Stühle.
»Wahrscheinlich hast du auch diese Möbel entworfen?«
»Ja«, sagt die Mutter, »und das hohe Farnkraut, das drumrum wuchs, hatte ich einmal selber gepflanzt.«

Den Hintergrund, die Grenze gegen die Teichwiese und den Teich, bildet eine dichte Fichtenhecke.

(Tschechowsche Szenen spielen da. Und der ›Ledermann‹ hockt, Übles im Sinn, hinter dem Waschhaus. Drüben, im Schatten der großen Linde, vor der Veranda des Hauses des Onkels, diskutieren wir mit Wolfgang über seine ›Nachricht an Max‹ und verschiedene Aspekte der Kunstbetrachtung; vielleicht fällt mir der genaue Wortlaut wieder ein. Ich muß äußerst vorsichtig vorgehen, die Bilder, die beim Herumstreichen in der Erinnerung, diesem Schlendern durch den elterlichen Garten, sich überraschend einstellen, fragil wie Spinnweben, Gespräche hier, ›Die Angst des Tormanns beim Elfmeter‹ gleich neben der Einfahrt, Ibsensche Szenen im

einst von einer jungen romantischen Tante gepflanzten Birkenwäldchen, zerreißen beim genaueren Hinsehn, entziehen sich, wie Casanova und seinesgleichen, hinter den Tannenhügel, in den schattigen, etwas düsteren Durchgang zum Bad.
»Deine *Stiege*«, korrigiert mich Wolfgang, »ist eine *Treppe*«,
er meint, eine Stiege sei doch eng und steil.
»Kann schon sein, aber für mich, für meine in Mähren angesiedelte Muttersprache, gilt das Gegenteil.«)

So sieht Liebe aus

Eine Stufe – zehn Jahre, zwei Stufen – zwanzig Jahre, dreißig, vierzig, fünfzig Jahre hinab und weiter, über die Wiese, an der inzwischen hochgewachsenen Tanne und einem japanischen Blütenbäumchen vorbei auf die Allee zu.

Zwischen zwei der Kastanien ist eine Hängematte gespannt, von der aus kann man ins dichtverwachsene Rondell hineinsehen, das vor langer, langer Zeit mal ein Pavillon gewesen sein soll,
»ja, es existiert noch eine bräunliche Fotografie.«
Inzwischen ist der leichte Bau vermodert, und die Wände werden von verwilderten hohen Haselbüschen gebildet. Drin steht eine Bank, auf der zwei Verliebte sitzen, zärtlich aneinandergelehnt schauen sie in ein auf ihren Knien ruhendes großes, wahrscheinlich illustriertes Buch.
Die vergilbte Fotografie eines schönen, jungen, einträchtigen Paars; wie er seinen Arm über ihre Schulter legt, wie sie ihr von halblangen Locken gerahmtes sanftes Gesicht an seine Achsel lehnt, dieses aneinandergelehnte Dasitzen, ins Gleiche vertieft:
»So also sieht Liebe aus.«
»Auf der Fotografie.«

›Sie wurden rot, sie wurden warm
Und ruhten atmend Arm in Arm,
Juchhe! Juchhe!
Juchheisa! Heisa! He!
Und Hüft an Ellenbogen.‹

Und stöhnen, wenn sie übereinander herfallen, wenn die Liebe über sie herfällt, sie überfällt und sie sich fallen lassen, ins Gras fallen.

Wir kennen das schon, jedes Kind kennt doch das entsetzliche Kreischen, nicht nur nachts und nicht nur aus den Häusern, Straßenecken, Gebüsch, allerorts, wenn die Soldaten ohne Liebe hungrig gierig gewaltsam über die verschleppten Frauen herfallen.

»Zu Tante Ediths und Onkel Walters Jugendzeit sah die Liebe vielleicht so aus wie auf ihrer alten Fotografie.«

»Und kaum verheiratet, hat er Fisch essen müssen, Fisch, dessen Geschmack er haßte, dessen Geruch trotz Lüften stundenlang in der Küche und im Zimmer hängt, an den Fingern klebt.«

»Fisch ist gesund, enthält Jod, Eiweiß etc.«, beharrt unbeirrbar seine Liebe, überzeugt, ihm nur Liebes zu tun, und sie zwingt ihrem widerwillig Folgsamen Fisch auf, liebevoll mariniert, gebacken, gedämpft, gekocht und versteckt in den verschiedensten Verhüllungen, paniert, gratiniert, gesulzt, in unzähligen Verbindungen, Fischfarcennockerln, Fischbeuschelsuppe, Fischeintopf, Fischgulasch, Fischlaibchen, Fischpudding, Fischpuffer, Fischrisotto, Fischschnitten, Fischsuppen, die am Ende doch alle nach Fisch riechen und nachts fischig aufstoßen.

Der Vater hatte die in der Allee zwischen zwei Kastanien gespannte Hängematte aus Südamerika mitgebracht, eine Indianerhängematte, in der die Kinder, die ornamentierten und mit Zotteln gesäumten Seitenteile über sich zusammenge-

schlagen, riesige Schmetterlingspuppen, Nachmittage lang schaukeln, dösen oder lesen und, wenn's unbedingt sein muß, lateinische oder englische Vokabeln repetieren.
»Du wirst Englisch brauchen.«
»Wann werde ich Englisch brauchen? Und wann Latein?«
Wozu jetzt ›De Bello Gallico‹, wozu die Daten aller weiteren gewonnenen und verlorenen Kriege, wozu die Daten und Verläufe aller Schlachten des Siebenjährigen Kriegs, jetzt, wo die in französische, belgische, italienische, russische, polnische Landkarten gepieksten Nadeln mit ihren Fähnchen, die in die wandgroße Karte aller unterworfenen Länder Europas zur Markierung der Frontverläufe gestochenen Fähnchen, täglich rundum versetzt, uns täglich näher gesteckt werden, ›Caesar postquam ex Menapiis in Treveros venit, duabus de causis Rhenum transire constituit‹, sind wir nicht im letzten Jahr des Zweiten Weltkriegs?
»Russisch werden wir brauchen!«
»Tschechisch werden wir brauchen!«

Kamele

Am Tag, als der Vater und der Onkel zurückkamen, lagerten tatarische Truppen mit ihren Kamelen auf der Teichwiese.

»Ja, ich schau aus dem Fenster und sehe lauter Kamele draußen auf der Wiese rasten oder herumstehen und langsam durchs Gras ziehen, zwischen den Tieren und um mehrere Lagerfeuer fremdartige Gestalten, Mongolen oder Tataren; als wären wir über Nacht an einen völlig fremden Ort in Zentralasien gebracht worden«, erinnert sich die Mutter.
»Kamele, wie eine Riesenmenagerie, unzählige Kamele, wie wir bisher nur einzelne im Zirkus gesehen hatten, und Soldaten mit Schlitzaugen und breitknochigen Gesichtern«, erinnert sich Anna.

»Am nächsten Morgen waren sie verschwunden, als wären sie nie dagewesen.«
»Wie ein märchenhafter Traum. Ich habe bis heute geglaubt, ich hätte das nur geträumt«, sagt Anna.
»Kein Traum, nein, genau an dem Tag war es, als die Männer aus dem deutschen Lager heimkamen. Und als sie am nächsten Tag von den russischen Kommissaren abgeholt wurden, waren auch die Kamele und ihre Soldaten fort, war diese Truppe weitergezogen, Tataren oder Mongolen, was immer.«

Unerreichbar

Anna steht unter ihrer alten Eiche. Vom Vater des Vaters vor so langem gesetzt, daß sie Zeit hatte, mächtig zu werden, vom Naturschutz beschützt, aber nicht vor Annas Bedürfnis nach Einsiedelei. Ein hoher, astfreier Baumstamm, so dick, daß sie ihn mit ihren Armen nicht umfassen kann, der ist nur mit der Leiter oder einem Seil zu besteigen und sichert vor Eindringlingen besser als ein paar Fliederzweige.
»Um Himmels willen, das darfst du nicht, du wirst zwei Stock tief runter zu Tode fallen! Und wirst doch nicht etwa, nein, du kannst keine Nägel in diesen Eichenstamm und in die Äste schlagen. Das darfst du nicht!«
Doch kann sie die unten zusammengenagelten Bretter, Boden und Wände der Hütte heraufseilen, oben im Geäst dann kunstvoll montieren, mit Ästen und einem Stück Dachpappe überdecken und sorgfältig mit Weidenruten, Seilen und dikkem Draht am Stamm und zwischen den Zweigen befestigen. Auf einem Laubsack liegt sie schön weich, die zu langen Beine baumeln über einen Querast, sie kann sich sanft vom Wind wiegen lassen, manchmal rüttelt der auch wild, reißt an ihrem Nest, sie versucht zu lesen, meist singt oder summt sie vor sich hin und blinzelt in das von der Sonne gesprenkelte

Laub um sich herum. Das Kletterseil heraufgezogen, ist sie unerreichbar. Nur ein Hund springt nachts den Baumstamm an, kommt beharrlich immer wieder zurück und bellt herauf, macht seinen Meister hartnäckig aufmerksam auf etwas Unerlaubtes. Rasch zieht sie ihre Beine ein, die haben in der kleinen Hütte kaum Platz, und hofft zitternd, daß der Nachtwächter nicht auf den dunklen Fleck in der Eiche schießen wird. Kaum hat der sich mit seinem Wolfshund durch die Kastanienallee entfernt, wie jede Nacht, ums alte Haus herum, aus dem Tor hinaus und über den Fabrikplatz, kaum sind sie in der Portiersloge verschwunden, klettert sie hinunter, klettert über das Eisengitter der verschlossenen Hintertür, zieht das Auslegerfloß, das die Kinder diesen Sommer selber gebastelt und im Schilf versteckt haben, ins Wasser und paddelt in den weiten, vom Mond beschienenen Teich.

Ein Bach

Ein kleiner Bach, an den Rändern wachsen hohes Gras und Seggen, vielleicht auch gelbe Iris, die aber jetzt im Sommer nicht blühen, das Grünzeug hängt übers hohe Ufer und verdeckt stellenweise das Wasser.

Nachdem die drei Kinder eine Weile nebenher gegangen sind, steigt die Älteste ins Wasser, das ihr bis zu den Knien geht, und watet so im Kühlen zwischen Wasserläufern und Schwärmen von Mücken. Die verschlammten Pflanzen schlagen ihr um die Beine, Fische flitzen vorbei, meist im Dunkel der ausgewaschenen, unterhöhlten Ufer, so daß man sie eher ahnt als sieht. Die beiden Mädchen (sind es ihre kleinen Schwestern?) hocken am Ufer im Schatten von Weidenbüschen und wollen nicht nachkommen, während sie weiterwatet, mit wenig Widerstand gegen die Strömung, die immer schneller und schneller zieht, in den tiefer und breiter werdenden Bach.

Man könnte längst schwimmen, doch Anna zögert, schaudert beim Gedanken an das kalte Wasser, so wie immer, obwohl sie längst weiß, daß der Schreck beim Eintauchen harmlos und kurz sein wird.

Weggetaucht in einen Traum, eine ungute, aggressive Stimmung. Von einer mütterlichen Gouvernante beschimpft oder von einer besserwisserischen Mutter belehrt, daß es so nicht weitergeht: Um zu erreichen, was du vorhast, müßtest du dich ganz anders verhalten, anders vorgehen, gescheiter und zusammenhängender reden oder schreiben. Doch ich bocke, widerspenstig beharre ich auf meiner Meinung, werde auf meine Weise weiterschwimmen.

Vielleicht ist sie in ein Wasserloch getreten, vielleicht gestolpert, jedenfalls ist sie ganz eingetaucht und schwimmt jetzt mit Behagen, der Streit ist schnell aus dem Sinn. Der Bach ist zu einem Kanal geworden mit hohen Bäumen als Allee auf beiden Ufern, sie schwimmt ruhig unter diesen Bäumen, durch die im dunkelgrünen Wasser gespiegelten Kronen. Laß dir Zeit. Windstill, keine Strömung mehr, das Wasser ist undurchsichtig, ohne Fische, nur Annas Körper, ihre Arme brechen die spiegelnde Oberfläche. Laß dir Zeit, laß dir Zeit.
Es ist warm, Nachmittag, sie ist jetzt allein, schwimmt gern, die Arme ausgebreitet und dieses Gefühl, bis in die Fingerspitzen und Zehen sich im angenehm kühlen Wasser zu bewegen, wie und wohin sie will, und schwimmt lange gleichmäßig, laß dir Zeit, laß dir Zeit, ruhig immer weiter. Bis der Kanal zu Ende ist. Es gibt keine Mauer und keinen besonderen Abschluß, er hört einfach auf, sie muß umkehren oder aus dem Wasser steigen. Schwimmt eine Weile unschlüssig herum.
An einer breiteren, zu einem Teich gestauten Stelle baden mehrere Mädchen, kleine und auch schon größere jagen sich lachend, quietschend springen sie vom Ufer ins Wasser, planschen drin rum, grabschen nacheinander, rufen, schreien,

steigen wieder raus, um nochmals und noch einmal ins Wasser zu springen.
Ein schulfreier Augustnachmittag.
Nach einer Weile hat sie genug; wäre sie gerne vom Sprungbrett gesprungen, das es hier nicht gibt, oder noch lieber vom Turm? Kopfsprung vorwärts, Kopfsprung rückwärts, oder hätte einen Salto, gar einen doppelten Salto versuchen wollen? Doch das Wasser ist hier nicht tief genug, das ist keine Badeanstalt, es ist ein Bach.
Sie überlegt, ob sie aussteigen und sich ans Ufer legen soll. Oder zum ruhigen Wasser unter den Bäumen zurückschwimmen, wo sie wieder allein wäre. Kehrt um, gelangt durch den Kanal bald wieder in den kleinen Bach, watet bis an den Ausgangspunkt, wo sie auf eins der Fahrräder steigt, die sie wie gewöhnlich dort im Gebüsch versteckt hat. Und radelt mit ihren Schwestern davon.
Es ist ein sonniger, sehr warmer Nachmittag, die Bergkette hinter der Grenze hält vereinzelte Wolken zurück, Schulferien, sie sind frei, atmen den Sommer, radeln auf dem Dammweg, eine hinter der andern: Sie könnten zur Großmutter und zur Tante radeln, zwei drei Stunden und sie wären an deren neuem Wohnort, aber heute radeln sie ohne bestimmtes Ziel oder mit einem, das in weiter Ferne liegt.
Links und rechts, etwas tiefer, liegen reife, ockergelbe Felder, und die kleinen schwarz- und grauverwitterten Holzhütten stehen verstreut auf den Torfwiesen. Die Geschwister überblicken ihr neues Zuhause (von Heimat wird keine Rede mehr sein), die ganze große Ebene bis hinüber über die Grenze, die Berge zu beiden Seiten scheinen stundenweit entfernt, und vor ihnen, in Richtung des Sees, der so groß ist, daß die Anwohner von einem Meer reden, geht am Horizont die Erde nahtlos in den strahlenden Himmel über.
Die Lenkstange loslassen, die Arme ausbreiten und dieses Gefühl der Freiheit mit den Fingerspitzen tasten.

8. Mai

Auf der andern Seite des Elternhauses führte und führt heute noch ein Kiesweg zu einem kleinen Waschhaus, in dem seither eine Wohnung eingerichtet wurde. Zwischen dem Waschhaus und dem nächsten Haus, in dem früher, bis kurz vor dem *Anschluß*, die Großmutter wohnte, Vaters Mutter, oben im ersten Stock, unten wohnten sein Bruder, Tante, Cousin und Cousine, zwischen dem großen alten Haus und dem Waschhaus ist mitten im kiesbedeckten Platz der Zusammenfluß der Kanalisation. Dessen Deckel sie mit gemeinsamer Anstrengung lüpften, schnell, nur so hoch, um Weinflaschen runterzuschütten, schnell, daß sie möglichst zerbrechen, die Flaschen mit dem besten Wein und Champagner, im Keller seit Jahren für diesen Tag aufgespart, für heute, um damit das Kriegsende, den Frieden, zu feiern. Schnell, schnell ausleeren, weg damit, bevor ihn die Kosaken erwischen. Heute, den achten Mai neunzehnhundertfünfundvierzig.

Am selben Tag, spät abends, hatte sich ein Fabrikarbeiter, obwohl noch geschossen wurde, bis zu ihnen gewagt, er meinte, mit der russischen Kommandantur im Haus könnten die beiden Frauen mit ihren Kindern nicht bleiben, brachte sie heimlich ins Dorf am andern Ufer der Zohse zu seinem Haus, aber dort warten schon zwei
Um Gottes willen, raus!

Brand

Im Elternhaus, das im Traum bäuerlicher, komplizierter als das richtige ist, bemerke ich Kinder und erwische eine zigeunerhafte Frau, eine weghuschende, leicht verschlampte oder auch nur ärmlich wirkende Frau: »Du fragst, wer wir seien. Wir sind nichts und sind doch etwas.«

Vagabunden, die sich, die Lauser wie auch die Frau, schnell aus dem Staub machen. Ich kann eins der Kinder grade noch erwischen: »Was macht ihr denn da?«
»Feuerlegen«
und weg ist es.
Es brennt noch nicht, keine Flammen, doch ich riech es, Brandgeruch, leichter Rauch überall; wo genau Feuer gelegt wurde, weiß ich nicht, rufe die Feuerpolizei an, erkläre meine Wahrnehmungen am Telefon, auch daß ich noch keinen Brand sehe, der könnte aber jeden Moment ausbrechen.
Und beim Reden merk ich, daß meine Angst auf der andern Seite nicht ernst genommen wird, daß ich im Gegenteil redend von der Brandgefahr abgelenkt habe, daß keine Feuerwehr hier eintreffen wird.

Wie sie von diesem Land träumt, tags gut und nachts schlecht träumt von ihrem Land, das sie doch längst hinter sich gelassen hat, für immer, aber immer wieder davon träumt. Und wenn Anna jetzt zurückgekommen ist, ist das kein Zurückkommen. Das ist nur ein Besuch, eine Reise.
»Nein, kein *sightseeing*, kein Tourismus, zum Teufel!«
An diesem Ort, in diesen Orten ist sie keine Touristin, keine neugierige, keine enttäuschte oder begeisterte Fremde.
»Ich bin von hier. Ich gehöre hierher, wenn ich irgendwohin gehöre. Obwohl ich nicht hierbleiben möchte.«
»Vergiß nicht, daß du nicht hierbleiben kannst!«

Gottesdienst

Der evangelische Gottesdienst wird in der ehemaligen Villa Kirsch abgehalten.
Josef und Pavel singen im Kirchenchor. Ihre Stimmen sind aus dem Gemeindegesang gut herauszuhören, genauso wie Anna Vater Musil mit schöner starker Stimme noch singen hört. Josef sieht ihm zum Verwechseln ähnlich. Die Zeit vergeht nur zum Schein. Pavel singt die Soli. Zum Weinen schön.
Josefs kleiner Sohn Petr spielt das Harmonium. Die tschechische Predigt versteht sie nicht. Außer Gottes Namen.
›Hospodin jest můj pastýř. Der Herr ist mein Hirte, mir wird nichts mangeln. Er weidet mich auf einer grünen Aue und führet mich zum frischen Wasser.‹
Am Ende des Sommers verkauft er seine Schafe dem Fleischer. Aber ›Er erquicket meine Seele; er führet mich auf rechter Straße um seines Namens willen. Und ob ich schon wanderte im finstern Tal, fürchte ich kein Unglück; denn du bist bei mir, dein Stecken und Stab trösten mich.‹
Stecken und Stab trösten mich? Treiben mich sicher zum Metzger.
Was fällt mir denn ein, ausgerechnet hier?
›Du bereitest vor mir einen Tisch im Angesicht meiner Feinde‹,
genau wie damals,
›Gutes und Gerechtigkeit werden mir folgen, im finstern Tal‹,
so wie ich sie von den Eltern Musil in den schlimmsten Zeiten erfahren habe. Gutes und Gerechtigkeit von jetzt an, vielleicht, hoffentlich mein Leben lang.
Josef reicht ihr die Brille, damit sie den nächsten Liedtext mitsingen kann, ja, Pavels Stimme ist noch schöner als die seines Vaters.
»Unsern Eingang segne Gott, unsern Ausgang gleichermaßen.«

Dann Begrüßungen, Begrüßungen.
»Grüße an Ihre Mutter.«
»Grüße an die Tante.«
»Wie geht es deiner Schwester, wir waren zusammen in der Klasse.«
»Wann ist Ihr Vater gestorben? Wann der Onkel? Jetzt hätten sie zurückkommen können, ja, sie hätten wirklich zurückkommen sollen.«
Aber auch von den Lebenden wird wahrscheinlich niemand hierher zurückkommen, es sei denn auf Besuch.

Nach dem Gottesdienst stellt Slávka ein gebratenes Huhn und die Schleischgern auf den Tisch, *kluzky*, die Josef früh zubereitet hat. Er hatte die rohen und auch gekochte Kartoffeln gerieben und die mit Mehl zwischen den Handflächen gerollten Stückchen ins kochende Wasser geworfen, die schwimmenden kluzky abgeschöpft, mit dem ausgelassenen Hühnerfett übergossen und die zugedeckte Schüssel ins noch warme Bett unter die Tuchent gesteckt.

IX.

Engste Heimat

Anna überlegt sich, allen früheren Entschlüssen zum Trotz, wieder ins Land der alten Ängste und Schmerzen zurückzugehn.
Juckt mich zum dritten Mal das Fell?
»Mit einem Skizzenblock in der Hand?«
»Ja, so stell ich mir meine Reisen, zukünftige Erfahrungen immer wieder vor. Obwohl ich längst wissen müßte, daß an einem andern Ort wie zu Hause alles anders abläuft als vorgestellt. Kann ich aus meinen Erfahrungen, aus meinen Enttäuschungen nichts lernen?«
»Hast du jetzt *zu Hause* gedacht? Und was hast du *zu Hause*, was hast du *einen andern Ort* genannt?«

»Vielleicht bin ich zu alt zum Lernen, so wie es mir jetzt schwerfällt, mir neue Pflanzennamen zu merken, eine neue Sprache zu lernen oder auch nur eine alte, vergessene Sprache wiederzubeleben. So schwer scheint es mir, mich an einmal gefaßte Entschlüsse zu halten.«
»Als ob du nicht mehr wüßtest, wie ermüdend das Leben in dieser dir fremd gewordenen Sprache war.«

»Wenn ich niemanden und gar nichts verstanden hätte; wäre mir der Klang der Sprache nicht so vertraut und wären mir nicht so viele Wörter bekannt vorgekommen, hätte alles anders ausgesehn, ganz anders gewirkt. Wer bist du denn, wenn du einmal Vertrautes freudig erkennst und nicht mehr weißt, was es bedeutet?«

Eine Wunde, die von Zeit zu Zeit schmerzt. Auch verheilt ist sie immer zu spüren, ähnlich dem Gefühl im Buckel, das immer ein anderes ist als im übrigen Körper und nur hie und da zu heftigen Rückenschmerzen wird. So auch diese Sprache im Ohr, die Anna ihre Kindheit zurückbringt und damit nicht nur Schönes.

Es könnte ja auch so weitergehn, immer so weiter: Du weißt die Namen nicht mehr, stehst vor einer, die du kennst, ja, die kenn ich recht gut, grüß dich
»Bist du Jarmila?«

›Doch weil sie manchmal Böhmisch spricht,
verstehen wir einander nicht.‹

Oder der Name Zdenek liegt dir auf der Zunge, Zdenek entsetzlieber Zdenek und kein Körper, kein Gesicht dazu, wer ist das nur gewesen?
Städte wie Freiwaldau: ein Hallenbad, sonst nichts. Wettschwimmen. Schulschwimmen. Eines der Hauptfächer war Turnen. Sport. Freiwaldau wurde in Jeseník umgetauft, das heißt: in ›Gesenke‹.
»Das ist doch der Name des Gebirges.«
Das Schulwissen hat sich weitgehend als falsch erwiesen. So wie das Pflichtfach Heimatkunde: »Das Gesenke, *unser* Gesenkgebirge.«
»Was soll das, eine Senke ist kein Gebirge.«
Auf der vor 1650 von Comenius, dem großen Pädagogen, entworfenen Landkarte Mährens tauche die Bezeichnung *Gesenckgebierg* für die Bergwelt zwischen der jungen March und der Tess auf, erklärte der Lehrer. Die Geologen verwendeten den Namen für das ganze Gebirge, und die Lehrer in den Schulen hätten schließlich wesentlich dazu beigetragen, daß diese in der breiten Bevölkerung gar nicht übliche Bezeichnung Allgemeingut geworden sei. So der Lehrer. Heute unterscheide man präzise das Hohe und das Niedere Gesenke, meine mit ersterem das Altvatergebirge und mit letzterem die sich ostwärts anschließende Hochfläche. So der Lehrer in der Heimatkunde.

»Meine engste Heimat ist die Stadt Hohenstadt.
Meine engere Heimat ist der Kreis Schönberg.
Meine weitere Heimat ist der Schönhengstgau«, einstimmig die ganze Klasse! Und noch einmal und morgen auswendig: »der Schönhengstgau«, und übermorgen:
»über alles in der Welt, Deutsch-land, Deu-eutschland« und sieh da, das gibt es wieder.
»Kde domov můj, kde domov můj«, »wo ist mein Heim, mein Heimatland«, das hatten wir vorher gelernt und als unsere Staatshymne jahrelang gesungen.
Kde domov můj, kde domov můj, wo bist du geblieben?

Ach du schöner Hengst, schön gibt's dich nicht mehr, so alt geworden. So uralt wie Hohenstadt, das es noch als Zábřeh gibt. Die früheren Namen kennen dort nur noch die wenigen übriggebliebenen Alten. Berge und Hügel um die Zohse, Moravska Sázava und die Marchebene, eine Landschaft, nach wie vor wie
»Wie was?«
»Vielleicht wie in den Träumen. Aber was heißt das schon. Ist doch immer schön, was man liebt.«
»Es ist längst nicht alles schön, was man liebt, gar nicht schön. Der Mensch ist fort. Die Nacht ist rund mit Sternen ausgeschlagen.«

Schönberg. Die Plätze und Gassen von Šumperk und die Häuser, je nobler einst, um so verkommener heute.

Kehr dich nicht um, Anna, geh weiter! Du hast doch alles, es ist alles in dir drin, die Zimmer, zwei Gärten, Blumen, Blumen, die Müh, manchmal Qual beim Bergsteigen, Spieglitzer, Roter Berg, Altvater, Schäferei, und honigsüßes Bienenwachs im Mund, verläßlich gespeichert. Die Nacht ist rund mit Sternen ausgeschlagen. Wer wollte das jetzt ruinieren, den Anfang und ein schönes Stück weit Leben, vollständige, dir liebe Bilder mutwillig zerstören.

Und die bösen Bilder? Chauvinismus, Nationalismus, der jahrelang schwelende, dann explodierende Haß, Verachtung und mörderischer Haß auf allen Seiten, von einer Generation zur andern, von einem Regime zum nächsten Regime weitergegeben. Ich geh nicht hin. Schau nicht zurück, die alte Salzsäule, Vorsicht, paß auf, steht dort unausweichlich an meiner Stelle, unverrückbar. *Engere Heimat, engste Heimat*: alles Quatsch. Also wein ich lieber, die Nacht ist rund, vielleicht, hoffentlich lösen Tränen die Erstarrung auf.

Warten

Wartend sitzen die Kinder, ein Kind neben dem andern, auf der niedrigen Mauer am Weg vom Haus zum Waschhaus. In dem kleinen Waschhaus wurde nicht nur Wäsche gewaschen, starke, nackte Mädchenarme rieben, das ist kaum einen Monat her, die Wäsche rauf runter rauf über das gewellte galvanisierte Blech der Waschbretter, runter rauf runter, eingehüllt in dichten, scharf nach Aschenlauge riechenden Dampf; es wurde, bis zu diesem Jahr, in der Wäschezentrifuge auch Honig geschleudert, jeden Sommer, und dann roch es würzig süß, und sie waren nicht aus dem Raum zu treiben, standen den Großen im Weg, immer wieder die Finger ins Süßklebrige tunkend, leergeschleuderte Waben in der Hand und den Mund voll honigsüßem Bienenwachs. Früher.
Aber die Zeit ist stehengeblieben, wir sitzen immer noch wartend auf diesem Mäuerchen am Wegrand, schweigend schauen wir unsre baumelnden Füße an. Warten auf unsre Mütter. Wir wissen nicht so genau, was sie drin machen, die Männer mit den Frauen, aber wir kennen das entsetzliche Kreischen und Quietschen, nachts, die verzweifelten Schreie, die aus den Zimmern unter uns zum Dachboden herauftönen. Seit Wochen. Wir müssen es uns vorstellen, was die Soldaten den abgeschleppten Frauen antun, jetzt unsern Müttern an-

tun, während wir draußen warten. Wie das dauert, das, was wir nicht denken wollen, daß das so lange geht, was wir krampfhaft versuchen, uns nicht vorzustellen.
So wie wir dann auch wegschauen, wenn unsre Mütter endlich wieder herauskommen. Schweigend betrachten wir unsre baumelnden Füße.

Und eines Tages, in vielen Jahren, wirst du hier herumlaufen können, dir ruhig alles ansehn, dich an der Baumblüte und den vergnügt spielenden Kindern auf der Teichwiese freuen, so wie du dich anderswo freust, und nicht mehr wegen aller Schmach und allem Leid, auch nachts nicht, nie mehr heimlich wegen allem Unguten, das du einmal, oftmals hier erlebt hast, weinen.

Mohn

Niemand wird mehr davon reden.
Man redet nicht mehr davon, man denkt nicht dran. Zumindest denkt man nicht daran, davon zu reden, jede Erwähnung könnte Narben aufreißen.
Nicht in den Erinnerungen wühlen. Hör auf herumzustochern, damit tust du dir nur unnötigerweise weh und auch den andern, die um nichts in der Welt zurückfahren, die alten Orte nicht wiedersehen und davon nichts mehr wissen wollen, die so über die Verluste hinweggekommen sind.
»Vergiß es!«
Man redet nicht mehr davon, man denkt nicht dran. Nur hie und da sagt jemand *zu Hause*, ohne es zu merken: »Zu Hause hatten wir immer rote Kerzen auf dem Christbaum.«
Sagt *zu Hause*, ohne es zu merken *zu Hause*, und sie meint nicht *hier*, wo sie wohnt, er meint nicht den Ort, an dem er seit Jahrzehnten lebt.

»Zu Hause bei uns gab es sehr viel Mohn, ganze Felder, riesige, prächtig blühende Felder voll großblütigem hellila Mohn.«

»O ja, das hatte ich fast vergessen, wieviel Mohn wir zu Hause gegessen haben. Mohn für alles mögliche: feinste Füllungen, so wie man sie hier mit geriebenen Mandeln oder Haselnüssen macht.«

»Jahrzehntelang hab ich das nicht mehr geschmeckt: Mohnkuchen, Mohnkipferln, Mohnbuchteln, Mohnnudeln.«

»Für die Brünner Kolatschen kochst du 8 Deka Zucker in ⅛ Liter Milch auf, hast du das? Darin wird 12 Deka feingeriebener Mohn weichgekocht und mit 2 Deka Rosinen, Zitronenschalen und Zimt vermengt. Zur Verbesserung kannst du natürlich auch statt Zucker Honig nehmen und kleingeschnittenes Zitronat dazugeben. Du wirst kochen können müssen. Meine Brille, wo ist meine Brille?«

»Auf deiner Nase.«

»Ja, ach ja, und den Teig, paß auf, du wirst dein Lebtag lang kochen und backen müssen, einen festen Germteig«, sagt Großmama, streckt sich und nimmt das Glas mit dem Weißmehl aus dem Regal, siebt es in die größte ihrer Schüsseln.

»Zieh dir, bitte, die Schürze an! Den Teig bereitest du wie bei den Topfenkolatschen, schau her«, sie verrührt die mit Milch und Zucker angesetzte Hefe im Mehl.

»Du schlägst ihn gut ab, so«, ihre vom Alter verformten Finger tanzen durch die erst klebrige, bald glatte, zarte Masse, kneten und werfen und kneten und werfen den weichen, schmiegsamen Laib aufs Brett.

»Gib mir bitte eine Serviette, nein, sie muß feucht und warm sein, die legen wir drüber und lassen ihn aufgehn. Dann drückst du den Germteig auf einem bemehlten Brett auseinander«, ihre Daumen vollführen, als wären sie aus den Gelenken gesprungen, eigenartig eigenmächtige Bewegungen, »du

schneidest viereckige Stücke, nein, mach sie ein bissel größer, und gib die Mohnfülle drauf«,
oder heute eben die Mandelfülle, denk ich,
»so schlägst du die Ecken übereinander«, ihre eigenmächtigen Daumen und Zeigefinger drücken die Kanten fest zusammen,
»und jetzt legen wir die Kolatschen mit der oberen Seite nach unten auf das befettete Blech und lassen sie ruhig nochmals aufgehn, bevor du sie mit Eiklar bestreichst, allenfalls streust du noch Mohn oder geschälte, gehackte Mandeln darauf und bäckst sie im mäßig heißen Rohr.«

»Aber hier bekommst du ja Mohn nur in kleinsten Quantitäten, nur zum Bestreuen der Semmeln, du findest hier auch nirgends die richtigen Mühlen, und ohne die Mohnsamen zu zerquetschen, zu zermahlen, ohne Mohnmühle kannst du keine Preßburger Mohnbeugel, keine Mohn-Germkipferln, keine Mohnkolatschen und keinen Mohnstrudel, kannst du das alles nicht machen.«

»Wie bringst du nur deine Haarrolle zustande? Mit den hundert Bürstenstrichen täglich?«
Großmutters graumelierte Frisur, solange Anna sich erinnern kann, immer dieselbe: eine von der linken Schläfe, das Ohr halbverdeckende, zum Nacken, um den Kopf herumführende, zur rechten Schläfe und über der Stirne, kurz vor dem seitlichen Scheitel endende, das ganze Haar ordentlich zusammenhaltende, ihr ruhiges Gesicht mit dem festgeschlossenen Mund, der feingeschnittenen Nase, den dunklen, melancholischen Augen weich einrahmende Rolle.
»Hundert Bürstenstriche täglich oder zweimal täglich: davon bekommst du schöne glänzende Haare.«

Papier

Die Energie, die ich ununterbrochen aufbringen sollte, um den Zerfall aufzuhalten, das Chaos in Grenzen zu halten. Morgens um fünf wach ich auf, aber statt aufzustehn und wie Anna mit dem Großvater hinaus und hinauf in die Hügel, über die betauten Wiesen und durch den glitzernden Wald zu wandern, statt die Welt verführerisch schön anzutreffen, trifft mein erster Blick auf Bücherstapel und zerfledderte Zeitungen neben dem Bett. Geh ich in die Küche, seh ich den Tisch dort überladen mit allem möglichen, das ich mich nicht anzufassen getraue. Post, die beantwortet werden müßte, Zeitungen, Artikel, die ich lesen oder aufheben wollte, Krankenkassenpapiere quer in den geöffneten Kuverts, Rechnungen, Mahnungen, noch in Plastik verschweißte Bücher, Korken, leere Konservenbüchsen, Bleistifte, Buntstifte mit abgebrochenen Spitzen, Filzstifte, vertrocknet, Samensäckchen, Spielzeug, ein einzelner Handschuh, Unterlassungssünden, die ich jetzt nicht ansehen, nicht erledigen mag, und so ist, was ist, wird, war, schlimmstenfalls entbehrlich. Würde ich hier Hand anlegen, so fiele Verschiedenes an, das ich andernorts einräumen müßte, und andernorts sieht es gleich aus wie auf diesem runden Birnbaumtisch unter einer großen grüngläsernen Zuglampe, den wir mal zum Essen vorgesehen hatten.

›Alles ist vielleicht nicht klar,
nichts vielleicht erklärlich,
und somit, was ist, wird, war,
schlimmstenfalls entbehrlich.

»Bitte, Anna, spotte nicht mit der Stimme des Großvaters.«

Feinste Füllung

»Iß, Anna, iß!« ruft Großmama.
Ich denk an Lammfilets mit Pfefferminzsauce, wilden Reis, Salat.
Die schon gestern mit Senf, Knoblauch und Rosmarin gewürzten Filets kurz scharf angebraten und dann in den 80 Grad warmen Ofen gestellt. Den Bratenfond mit einem guten Rotwein gelöst (lieber keine Pfefferminzsauce zum Knoblauch und dem nach Nadelwald riechenden Rosmarin) und, während im Rohr die Filets langsam butterzart rosa garen, den Reis al dente dünsten und das Gemüse.
»Was für Gemüse? Und was als Dessert?«
»Salzburger Nockerln«, schlägt Großmama vor.

Mit Genuß zu viel und zu spät gegessen. Bei einem Film über die Salier eingeschlafen. Also früher als sonst ins Bett. Dort wieder wach.
Zurück zum Fernseher, einen Film ansehn, der schon eine Stunde gelaufen ist.
Ach, deine Sucht! Als gäb's nur noch Essen und Fernsehen mit Schokolade. Was du dir vornimmst, kannst du nicht erreichen, denk jetzt nicht an Auberginen! Dick ovale, dunkelviolett glänzende, im Salz saftende, in Olivenöl brutzelnde Melanzani. Vergnügt anfangen, das kannst du, aber bald nehmen die Zweifel überhand, bereitwillig überläßt du dich ihnen, brichst das Angefangene ab, um an eine scharfgewürzte, pastetenähnliche Fleischfüllung der Eierfrüchte zu denken, knusprig überbacken, und bist auf halbem Weg in der Arbeit steckengeblieben, um von neuem ans Essen zu denken,
»Anna, iß!«
dir was Neues auszudenken. Kleine, luftige Marillenknödel, mit heißer Butter übergossen, mit gerösteten Semmelbröseln und Puderzucker bestreut? In die Küche, den Hefeteig anrühren, der Zeit braucht, um aufzugehen, in der Zwischenzeit kannst du

Wer sagt das, welche Stimme ist das? Doch nicht etwa meine? Eine bösartige Behauptung. Es ist aber nicht so, daß ich nur vor dem Fernseher sitze, nur ans Kochen und Essen denke. Du sagst: Jetzt hör ich auf, und was tust du? Ißt weiter. Schaust unbeirrt weiter. Rufst dir *Halt!* zu und frißt haltlos alles, was sich in Reichweite findet.

Ein ängstlicher Typ, Metallarbeiter, Sozialist, nennt er sich, zeigt einen Mörder nicht an und wird für sein Schweigen von der Mafia belohnt. Quasi zur Mafia eingezogen, obwohl er das nicht will. Sitzt nun zwischen Sozistuhl und Mafiabank wie zwischen Gattin und Geliebter. Der Film ist, obwohl schon eine Weile gelaufen, doch interessant. Neben mir steht eine Schale Butterkekse, Grassins, ein altes, sehr nahrhaftes Engadiner Rezept. *Halt!* Seine scheinbar oder tatsächlich ›gehörnte Ehre‹ rächt der Held mit der Schwängerung der ungeliebten Frau des Verführers seiner eigenen, die er vernachlässigt und die der andere geschwängert hatte. Wie du mir, so ich dir, wir können die Kinder dann tauschen.
Ich ruf ihm *Halt* zu. Die Frauen müssen diese *Ehre*, die anderswo längst verlorene Ehre der Männer, bezahlen. Hört auf! ruf ich, jetzt hör ich auf, und was tu ich? Esse weiter. Verfluchter Zwang, nicht abstellen zu können, solange was läuft, schauen, und wenn's Mist ist. Interessant, was für Blödsinn sich die einfallen lassen und ins Programm setzen, was für Blödsinn man sich ansieht, was ich mir nach dem Ende dieses Films unbeirrt anschaue, einen Krimi, dieses und jenes bis nach zwei. Dabei den Rest einer Tafel Nußschokolade gegessen und beschlossen, mich nicht zu ärgern: Sonntags-Kino-Bummel & Konditorei ist genau das, was sich für einen vernebelten Sonntag gehört. Ich tu, was ich will, wie ich's will, ob ungehörig, ungesund.
Du machst dich kaputt, ruinierst deine Zähne, ich weiß, vielleicht auch die Seele, schweig still, ich tu nicht nur, was ich nicht lassen kann, auch was ich so und nicht anders will, mit Vergnügen. Niemandem muß ich folgen, nicht einmal mehr

mir selbst, erlaube mir zu schauen, was für Stumpfsinn man einem zumutet, was ich mir tatsächlich anseh und dabei fresse, mit den Augen wie mit dem Mund, was da ist, Schokolade, ein Stück, noch eins, bis nichts mehr da ist, mit Mandeln, Nüssen, Nougat, Milch, oder schwarz, *action*, bunte Bilder, so viel die Augen fassen, truffes, wieviel der Mund mag, Marzipan, bis es bald mal ganz voll, schön, angenehm aufgefüllt ist, das Faß, laß das Faß endlich mal überlaufen!

Zufrieden? Ich hab, was ich brauch, kann meinen Appetit selber stillen, muß nirgendwo hin verreisen, mit niemandem reden, niemand widerspricht, und ich muß nicht widersprechen, wenn einer mich ärgert, ein Knopfdruck, und er ist weg, ich kann andere rufen, mir was vorsingen lassen, mir die wichtigsten Fragen anhören, und statt zu antworten, stopf ich mir luftig süße omelettes soufflées in den Mund. Jeden Abend, nachmittags schon, kann ich mühelos in unberührte Natur verreisen, liege wohlig warm im Gletschereis und schwitze nicht unter der Äquatorsonne, bin unverletzbar sicher zwischen hungrigen Raubtieren und bleib auch angesichts mordlustiger Gangster kugelfest. Wozu nach Frankfurt oder nach Berlin, die besten Vorträge hör ich zu Haus, wann immer ich will, anregende oder aufregende Unterhaltung, ich bin autonom.

Das Rauschen draußen, das im linken Ohr leise beginnt, sich verstärkend nach rechts verschiebt, als Strom sehr schnell und sehr laut an mir vorbeizieht, um, sich abschwächend, langsam im rechten Ohr zu verhallen: die Eisenbahn.

Der Wurm

Mir eine Zahnlücke geträumt, aus der windet sich ein Wurm, um wieder drin zu verschwinden. Heiliger Nepomuk, warum fehlt mir ausgerechnet vorn ein Zahn? Oben vor der Roulotte erwisch ich ihn, ein kurzes Wurmende, ziehe und ziehe am kleinfingerdicken, schönen Regenwurm, wie eine Gärtnerin ihn sich wünscht, mit gieriger Hand nach Schätzen gräbt und froh ist, wenn sie Regenwürmer findet, ja, wenn auch nicht gerade in ihrem Mund, in ihrem Hals oder ihrem Bauch, versuche, ihn aus mir herauszuziehn, aber er entzieht sich, sobald ich im geringsten lockerlasse, so faß ich fest und ziehe, ohne ihn zu zerdrücken oder gar zu zerreißen, ziehe, was nun stückweise gelingt, sieh da, dieser hellrosa, hautfarbene Regenwurm hängt schon ein Stück vor mir herunter, rutscht allerdings gerade so schnell wieder zurück, in mich hinein, ich ziehe, was ich kann, nein, darf ihn nicht zerreißen, jedes Stück Wurm bleibt lebensfähig, ergänzt sich selbst das Fehlende und wächst als ganzer Wurm weiter, auch in mir würde das abgerissene Ende sich zu einem neuen Wurm entwickeln und weiter gedeihen, Nepomuk weiß, wozu, also zieh ich an dem nun bald meterlangen Wurm, es würgt mich der Ekel, würgt mehr als den Wurm aus mir heraus, ich halte ihn fest vor meinen Lippen, ziehe, aber jetzt geht es nicht weiter, wie nur dem Kopf nicht alle Hoffnung schwindet, keinen Millimeter mehr, blockiert, ich reiße, doch nützt das nichts, der Wurm hat sich festgebissen.

›Wie nur dem Kopf nicht alle Hoffnung schwindet,
Der immerfort an schalem Zeuge klebt,‹

»Hattest du das vergessen?« fragt der Großvater:

›Mit gier'ger Hand nach Schätzen gräbt,
Und froh ist, wenn er Regenwürmer findet.‹

Topinambur

Mein Campingnachbar, der sich hier oben von einer schweren Operation erholt, kommt, seinen Zwergpinscher an der Leine, langsam den Waldweg herauf, sieht mich im Liegestuhl, ein Buch auf den Knien, und bleibt stehn: »Wie heißt das Gebüsch voll kleiner Sonnenblumen hinter Ihrem Wagen, das innerhalb der letzten Wochen drei Meter hoch gewachsen ist?«

»Topinambur. Die blühen nicht nur schön, zudem schmekken die Knollen gut und süß. Nur nachher«

Vom Liegestuhl überblicke ich die kleine Waldwiese, die niedrigen überwachsenen Mauern, Schlehdorn- und Weißdorngebüsch, Flieder und Kletterrosen, am Ende den Weg, der tunnelartig in den Wald führt, dort leicht abfällt und im Dunkeln verschwindet.

Es duftet nach Thymian.

»Einer lebt, und dann ist er tot«, sagt der Rekonvaleszent leise.

Leben, Tod. Wie, wo verläuft die Grenze? Liegt etwas wie ein Bach, ein Fluß dazwischen? Greift das eine ins andre, greifen, langen, verlangen Arme vom Leben hinüber und vom Tod herüber ins Leben?

»Und zusammen mit den Toten wird ihr Wissen begraben«, fährt der Nachbar fort und nimmt sein Hündchen, das anfängt, zwischen den Topinambur zu scharren, auf den Arm: »Ein Leben lang sammelt da einer Wissen an, einen unerhörten Reichtum, mit größtem Fleiß liest und liest er und hört zu, beobachtet die Natur oder was anderes, notiert regelmäßig, fleißig die Beobachtungen, vergleicht die Notizen, studiert in Bibliotheken, und am Ende nimmt er den ganzen Reichtum mit ins Grab. Oder legt das lebenslang Studierte in Büchern ab. Die sollte man dann lesen.«

Meine friedliche Waldwiese: Schlehdorn, Flieder, Kletterrosen, es duftet nach Thymian, und ich denke an Gregors Bilder.
»Als ob Kunst den lebendigen Menschen ersetzen könnte!«

Von Šternberk nach Bruntál

Von Loděnice nach Krahulčí und weiter nach Dětřichov nad Bystřicí, dort rechts abgezweigt und nach Bärn, Moravský Beroun gefahren, eine schmale Landstraße, hügelauf hügelab, durch Frühlingswiesen, einzelne Obstbäume im feinen, hellgrünen Laub, und durch Waldstücke gefahren, das Auge sieht sich nimmer satt, der Mischwald ist stellenweise noch durchsichtig.
›Und im Hintergrund, da liegt – *Fragnichtlang*.‹
In den Ort hinein, Vorsicht, Hauptstraße. Bärn sei aus einer Ansiedlung von Berg- und Hüttenleuten hervorgegangen, zu denen sich in dem Maße, als durch Bergbau und Schmelzöfen der Wald verschwand, die Bauern und Handwerker gesellt hätten. Sei später, wahrscheinlich noch im 13. Jahrhundert, zu einem Städtlein erhoben, und als ›in einer großen Feuersbrunst ganz verlustigt worden‹, habe Bärn am 29. März 1635 eine Erneuerung seiner alten Bergrechtsordnung erhalten. Laut Heimatkunde.
Die ärmliche Häusergruppe ist Anna unbekannt, als wär sie noch nie hier gewesen. Das wird's noch nicht sein. Doch hier, eine Tafel bedeutet Ortsende.
Sie kehrt um und fährt in der Gegenrichtung bis zum andern Ende.

›Hof, Bautsch und Bärn
sind die drei kleinsten Städte in Mährn.‹

Wo sie eine schöne Altstadt erwartete, ist ein Dorf.
Ach Theoderich! Nicht zu glauben, daß diese paar Häuser Bärn gewesen sein sollen, ein Ort, der ihr als Kind so geheim-

nisvoll und wichtig war, kam denn Dietrich von Bern nicht aus diesem Bärn, auch Verona genannt: »super castro Verona et oppido ibidem«, und reitet in dieser Gegend bis heute?

»Nein, meine Liebe, das war nicht Verona, Bärn oder Moravský Beroun, du hast dich geirrt, du hättest weiter oder in eine andere Richtung fahren müssen.
Wie hast du nur irgendein gottverlassenes Nest für Bärn halten können?«
An dem Vorhandensein der Verkehrswege Olmütz – Giebau – Bärn, wie auch Sternberg – Lodenitz – Bärn sei schon für das 13. Jahrhundert nicht zu zweifeln. Nun seien zum Schutz wichtiger Verkehrswege kleine Burgen errichtet worden, und eine solche Burg, wohl aus Holz, sei auch auf dem Kreuzweg erbaut worden, wohl gleichzeitig mit der Stadt: ›Super castro Verona et oppido ibidem.‹
»Jedenfals hat 1339 der Ort Verona geheißen.«

Zurück durch die Waldstücke und Frühlingswiesen, die blühenden Apfelbäume, hellgrünen Kirschbäume, nach Dětřichov.
»Ist das wirklich Dittersdorf?«
Vor vierzehn Jahren, auf der ersten Reise, hatte Anna auf der Strecke Šternberk – Bruntál nur zum Busfenster hinausschauen können und raten: »Hier war's! Menschen stehn vor einem Haus, oder war's eher das letzte, nein, nicht Menschen, oder das vorletzte Dorf? Bäume. Ist es doch erst das nächste?«
Einer dieser verlassenen Orte, deren alte Häuser oft nur noch Ruinen waren,
»nein, keine Bäume, die riesigen Linden am Dorfplatz waren gefällt und demonstrativ liegengelassen worden, der Ort muß Sperberdorf, der nächste Dittersdorf gewesen sein.« Sie verrenkte den Kopf bei der Weiterfahrt und versuchte, aus dem

Rückfenster noch etwas von der Umgebung zu erkennen: »Wo ist das alte Forsthaus?«

›Menschen stehn vor einem Haus, –
nein, nicht Menschen, – Bäume.‹

Das war eine lange Strecke, sogar mit dem Autobus. Etwas kürzer scheint sie ihr heute, in Kadlecs Wagen.

Die Tante

Kurz nach Kriegsende ist Annas Tante dieselbe Strecke zu Fuß gegangen, hin und zurück. Von Freudenthal nach Sternberg, von Šternberk nach Bruntál.

»Ja, sobald ich fort konnte, hab ich mich auf den Weg gemacht.«

Sie setzt sich im Bett, auf dem sie ihre Tage verbringt, kurz auf, beunruhigt, legt sich wieder hin, kneift die Augen wie im Schmerz zusammen: »Sobald es halt irgendwie ging. Ja, zu Fuß.«

»Und wo hast du übernachtet? Die Strecke ist viel zu weit, die schafft man nicht in einem Tag.«

»Doch, doch. Ich hab nicht geschlafen, du konntest doch nirgends schlafen, wo hätte ich denn übernachten sollen?«

Tagelang oder gar wochenlang ohne Nachricht von den Eltern, es wird so bald kein Telefon und auch keine Post mehr geben, beunruhigt, bald in größter Sorge, macht sie sich auf, die Eltern zu suchen, sobald es irgendwie geht. Die Strecke ist zu weit, es sind an die vierzig Kilometer von Freudenthal nach Sternberg, fast vierzig Kilometer von Šternberk bis Bruntál, die schafft man zu Fuß normalerweise nicht in zwei Tagen. Und jedermann würde sagen, daß das jetzt, vor allem für eine junge Frau alleine, unmöglich ist: ein in diesen Zeiten lebensgefährliches Unternehmen.

»Passen Sie auf, um Gottes willen, gehn Sie hier nicht weiter, dort unten sind Soldaten stationiert, da kommen Sie nicht ungeschoren durch!«
Die Frau, der sie auf Ecce Homo begegnete, etwa beim Kreuz, von dem man schon, nicht mehr sehr weit, auf Sternberg hinuntersehn kann, diese Weinende, die wahrscheinlich gar nicht so jung ist, die sie zurückhalten will, ist übel zugerichtet, zerkratzt, die Kleider zerrissen: »Kehren Sie um! Jeschischmaria, gehn Sie ja nicht weiter!«

›Das End ist da! das End ist da!‹

Was ist's, das geschehen ist? Eben das hernach geschehen wird. Was ist's, das man getan hat? Eben das man hernach wieder tun wird. Doch es gibt keinen andern Weg zu den Eltern.
»Je nun.« Sie zuckt müde lächelnd die Achseln, heute, sie streicht mit einer Hand über die andre, die Schwanenhalsfinger ihrer linken gleiten schmerzhaft langsam über die noch stärker verformten Finger ihrer rechten Hand, sie öffnet ihre großen, dunklen Augen, schaut Anna an, als wollte sie die Nichte um Verzeihung bitten:
»Was ist's, das geschehen ist? Nicht zum ersten Mal, ja nun, als ob sowas das Ende der Welt bedeutet oder mein Ende bedeutet hätte.«
Und wieder kneift sie die Augen, kneift ihre dünnen trockenen Lider ruckartig zu, wie ein Spinnennetz ziehen sich die Runzeln von den Rändern des Gesichts um Nase und Mund zusammen.

Irgendwie mußte sie an den Soldaten vorbei, wenn sie nach Sternberg wollte. Wo sie die Eltern verzweifelt sucht, vergebens sucht, die findet sie weder in der Wohnung noch irgendwo in der Stadt, bei den Cousins nicht, sie kann die Mutter und den Vater am Ende auch nicht bei Frau Dietrich, nicht

im Garten und auch im Glashaus nicht finden. Einer hatte dort alles mutwillig zerstört.
Sie hoffte, daß der Vater das nicht habe ansehen müssen.

»Man hat sie, wie sie waren, ohne Mantel, ohne Gepäck, weggejagt«, erzählen die Nachbarn.
»Da haben sie sich umgebracht, beide«, sagen andere.
»Unmöglich.« Sie kannte ihren Vater. So wie Anna diesen Großvater kannte. Sie kannte ihn länger und noch besser als Anna. Aber ja, ich hör dich doch noch, Großpapa:

»Der Rabe Ralf ruft schaurig: ›Kra!‹
›Das End ist da! Das End ist da!‹«

»Jetzt ist sie da, jetzt ist alles gut!« habe der Vater beim Wiedersehn gerufen, als sie die Eltern am Rückweg, den Schrekken der falschen Auskunft im Sinn, Ecce Homo wieder bergauf, im Dittersdorfer Forsthaus bei ihrem Onkel endlich gefunden hatte.

»Jetzt ist sie da, jetzt ist alles wieder gut!«
In einem Moment, wo nichts gut war, ungewiß, ob sie den nächsten Tag überstehn würden, wo es nichts zu essen und auch keine Unterkunft für die aus ihrem Haus und ihrer Stadt verjagten Eltern gab, muß diese Erwartung, so viel Vertrauen in die Liebe der Tochter, in ihre Vernunft und Tüchtigkeit, eine fast unerträgliche Last bedeutet haben. Die sie dann weitergetragen hat, sehr entschieden und oft gegen den Willen ihres Mannes, bis zum Tod der Mutter. Diese hat Jahre später, vor ihrem Tod, im selben Sinn Anna die Sorge um die Tante, ihre größte Sorge, ans Herz gelegt.
Ans Herz legen, wie das hier stimmt.

Die Tante ist mit ihren Eltern von Dittersdorf nach Bärn gewandert. Bergauf, hügelauf, hügelab, der Vater hatte eine

kaputte Hüfte, die Mutter ein kaputtes, geschientes Knie, zwischen zwei todmüden Hinkenden, die nicht nur den Schrecken, sondern auch den beschwerlichen Weg Ecce Homo hinauf nach Sperberdorf, dann bis nach Dittersdorf hinter sich hatten, ging sie, die Eltern, so gut sie konnte, stützend, durch diese Frühlingswiesen, vorbei an diesen blühenden Obstbäumen, es war Mai, es ist wieder Mai, und durch dieselben Waldstücke zu dem alten Ort hinunter. Dort sind sie, obwohl Deutschsprechende nicht mit der Bahn fahren durften, in den nächsten Zug eingestiegen.
»Sie werden uns nicht aus dem fahrenden Zug werfen, und wenn sie uns nur bis zur nächsten Station drin lassen, sind wir Freudenthal schon ein Stück näher.«
Einer habe dem Vater das Bündel, in dem er einen vom Dittersdorfer Schwager geschenkten Anzug trug, entrissen.
»Da hab ich gejeiert und gejammert, er hat doch nur die schäbigen Gartenhosen angehabt, was werd ich ihm denn, wenns kalt wird, anziehn!«
Dann hat es in Freudenthal keine Lebensmittelkarten für die Eltern gegeben, die hätten nach Sternberg zurückgehn sollen! Wieder Gejammer und Gejeier, sie konnte sich und ein Pflegekind mit den Hungerrationen kaum durchbringen.
»So lange gejeiert hab ich, bis die Eltern am Ende doch Karten bekamen.«
»Das war nicht in Dittersdorf, sondern in Sperberdorf, in Dittersdorf lebte Onkel Ernst lange vor deiner Zeit.«
Die alten Sternberger Häuser, die sich seit ihrer Zeit kaum verändert haben, nur älter geworden sind und schäbiger aussehen, erkennt sie nicht. Die Gassen, die Plätze:
»Hier ging es doch zu Tante Berta«, hilft Anna ihr.
»Ach ja, vielleicht.«
Eine Fotografie verändert die Dinge oft zur Unkenntlichkeit:
»Dr. Vicany? Sein Haus? In Hohenstadt? Daran kann ich mich gar nicht erinnern.«

»Schwanenhalsfinger?«
»Ja«, sagt der Arzt, »diese äußerst schmerzhafte Deformation nennt man Schwanenhalsfinger.«
»Kann man dagegen nichts machen?«
»Nein, wir können den Schmerz medikamentös bekämpfen, die weitere Verformung bestenfalls mit Bewegungstherapie verlangsamen, aber diese in verkehrter Richtung aufgebogenen Gelenke lassen sich nicht mehr korrigieren, es sei denn, wir setzen künstliche Gelenke ein.«
»Um Gottes willen!« sagt die Tante und streicht mit einer Hand über die andre: »Das sind meine Hände.«
Die Schwanenhalsfinger ihrer linken Hand gleiten schmerzhaft langsam über die noch stärker verformten Finger ihrer rechten, dann schließt sie, verkneift ihre schönen braunen Augen, und das Spinnennetz zieht sich wieder zu.

Irgendwo an einem Flußlauf

Irgendwo an einem Flußlauf fischt einer, das ist kein Freund, eher ein entfernt Bekannter, ja, mein Campingnachbar, und ich presche im Traum durchs Gestrüpp und durchs seichte Wasser, um ihm, er hat mir schon mehrmals von seinen Leiden erzählt, auch von dem, was mich umtreibt, zu berichten. Doch der Mann scheint im Begriff, etwas an Land zu ziehen, er will nichts hören, will nicht gestört werden, denn reißt dort unten nicht einer an seiner Leine? Zappelt jetzt, hoch über meinen Kopf geschwungen, ein Fisch, große Beute an seiner Angel. Er glaubt mir nicht, der Fischer, und das wär ich längst gewöhnt, daß man meinen Berichten nicht traut, meine Erlebnisse als Erfindungen abtut. Niemand mag von Schrekken und Ängsten hören, keiner dieser Angler an ihren Leinen, den Blick aufs Wasser gebannt, ob etwas zupft, zerrt, die sind doch selber Beute, nur damit beschäftigt, Beute an Land zu ziehen.

Am nächsten Tag versuch ich an die verschiedenen schönen Orte zurückzufinden und lande im Bach. Unter den überhängenden Zweigen der Uferweiden, Erlen, oder was auch immer, geh ich gebückt, wate im kalten, hier noch niedrigen Wasser, das so klar ist, daß man die Kiesel am Grund, zwar von den leichten Wellen verwackelt, ganz genau und plastisch sieht. Ich möchte an dem Angler vorbeikommen, wortlos, ohne ihm irgendwas mitteilen oder gar klagen zu müssen. Doch steht der Mann so im Wasser, hinter sich die steile Uferböschung, und die Angel vor sich reicht bis ins Tiefe, daß an ihm nicht vorbeizukommen ist. Drum bleib ich ruhig, wo ich bin, außer Sichtweite in einer Bachbiegung, wo es mir gefällt:

›Ein Wiesel
saß auf einem Kiesel
im Bachgeriesel.
Wißt ihr weshalb?‹

Es ist friedlich unter den Bäumen. Das Wasser glitzert, von der Sonne gesprenkelt.

›Das Mondkalb
verriet es mir
im stillen:
Das raffinier-
te Tier
tat's um des Reimes willen.‹

So steh ich zufrieden, die Füße in den kühlen Wellen, und warte geduldig, wie es weitergeht, frage den Großvater, ob es überhaupt weitergeht.

Fotografien

Die kleinen Hefte, die der Großvater immer mit sich trug, in die er alles, was ihn beschäftigte, Philosophisches, Naturwissenschaftliches, vor allem Gedichte hineinschrieb in winziger Schrift, hatte ihm seine Tochter, die Buchbinden gelernt hatte, gemacht.

»Diese kleinen Hefte, die Großpapa immer mit sich getragen, aus denen er mir auf allen unseren Spaziergängen vorgelesen hat, wenn er nicht auswendig zitierte und rezitierte, hast du noch eins davon?«
»Die hab ich ihm als junges Mädchen gemacht, unzählige, er schrieb sie eins ums andre voll, kannte dann allerdings den Inhalt auswendig, er brauchte Monat für Monat neue; ich habe keins mehr.«
»Schade. Gibt es sonst irgendwo noch von diesen winzigen Taschenbüchern?«
»Ich wüßte nicht, wo, nein, kein einziges mehr, denn wo könnte noch von den Heftchen, eins von den kleinen Büchlein geblieben sein?
Und ich hab auch kein schönes Foto von ihm, es gibt fast keine Fotografien vom Vater außer dieser hier, die hab ich aus einem andern Foto, einem Familienbild herausgeschnitten, und so wie auf dieser schrecklichen Vergrößerung war er ja nie, so ordentlich, so steif, so brav, das ist er gar nicht, ich möchte gern ein besseres Bild.«
»Ein Bild so schön wie dieses. Das ist doch wirklich ein schönes Bild von der Mutter!« Die Tante weist mit zwei Schwanenhalsfingern auf das ovale Foto über ihrem Bett: eine sehr hübsche junge Frau.
»Ja, die Großmutter war bis zuletzt eine gutaussehende, sie selbst würde sagen: eine *fesche* Frau.«
Daneben die drei Geschwister: Gregor, der älteste, ein schmaler Zwölfjähriger, dessen Augen, wie dem Blick seiner Mutter, bereits die Melancholie anzusehen ist, neben ihm, ein

Jahr jünger, ein bildschönes Mädchen, die Tante, und klein daneben, vergnügt, Annas Mutter.
»Die Jüngste sollte man sein!« denkt Anna, denn sie selbst ist das älteste von vier Kindern.

»Geht es den Kindern gut?« fragt die Tante, »wie geht es deinen Kindern?«
Sie vergißt, daß Annas Kinder selbst schon kleine Kinder haben. Und sie sagt nie: »Du bist lange nicht mehr gekommen«, nein, sie fragt: »Was macht deine Arbeit? Und wann hast du die nächste Ausstellung?«

Wenn sie von *zu Hause* reden kann, lebt sie auf: »Ob die Meixners, die Hilde und ihre Mutter, noch dort sind? Nein, die sind auch fort, glaubst du, und beide längst gestorben? Die leben nicht mehr? Das hab ich ganz vergessen. Sei so lieb und bring mir nächstes Mal bitte Frau Meixners schöne Fotografie vom Vater.«
»Das Bild von Großpapa beim Laubsägen?«
»Ja, laubsägend, ich möchte vom Vater ein besseres und größeres Bild.«

Der fast Weißhaarige, ein knapper Spitzbart verdeckt sein Kinn,
»ein leicht fliehendes Kinn«, erinnert die Tante.
Der Großvater steht ungewohnt steif in einem an ihm ungewohnten Anzug inmitten einer Taufgesellschaft.
Anna rechnet nach, sie kennt das Datum der Taufe ihres Bruders: Da war der Großvater so alt, wie ich jetzt bin.
»Das heißt«, sagt die Tante, »ich habe ihn aus der Familie herausschneiden und vergrößern lassen.«

»Von dir gibt es unzählige Baby- und Kinderfotos aus den ersten zwei Jahren, als Älteste bist du der Liebling der Großeltern gewesen.«
»Das meiste von dem, was mir bis heute lieb und wichtig ist,

hab ich in meinem neunten Jahr bei ihnen, von ihnen gelernt und von Gregor oder von Gregors Bildern.«

»Und wie geht es deinen Kindern? Sind sie alle gesund und wie machen sie sich in der Schule? Ich würde so gern«
sie schaut ihre verwachsenen Finger an, »aber mit diesen Händen kann man nicht mehr stricken, leider. Es tut mir so leid, daß ich dir auch nichts mehr flicken kann, dir überhaupt nicht mehr helfen kann. Laß die Kinder schön grüßen.«

»Du bist aber lange fort gewesen. Und du warst auch in Sternberg, zum zweiten Mal? Was sagst du! Das Haus soll ganz ruiniert sein, wie ich von Leuten gehört habe, die wieder dort waren, das alte Haus sei kaputt; immer wieder fahren die Leute zurück und berichten dann, alles sei hin; das kann doch nicht wahr sein, wenn alles hin ist, warum fahren die Leute dann immer wieder zurück?«
»Zwar ist es nicht sehr schön hergerichtet, hinten lauter neue, stillose Fenster eingesetzt, die Altane abgerissen, aber das Haus ist instand, ist jetzt eine Schule.«
»Und drin? warst du drinnen?«
»Ja. Das hohe schwere Haustor ist das gleiche, doch Gregors wütende Frau mit Besen, wildem Haar und wehender Schürze jagt weder Hausierer noch Einbrecher weg, es gibt sie, die gemalte Frau, nicht mehr. Auf der großen Sandsteinstiege, die wöchentlich von Stufe zu Stufe auf den Knien geschrubbt und mit Tonwasser geweißelt worden war, liegt jetzt ein Kunststoffbelag, oben sind statt der hohen doppelflügligen Eichentüren cremeweiß lackierte Normtüren, alle geschlossen, so daß ich in keins der Zimmer und auch die Küche nicht sehen konnte; die Milchglaswand vor dem Bad und den Klos ist noch gleich. Befremdend. Als wäre die Zeit stehengeblieben. Mir ist alles am befremdlichsten, fast unheimlich erschienen, was gleichgeblieben ist und zugleich alt,

uralt geworden. Die Zeit vergeht nicht zum Schein, die Zeit ist nicht stehengeblieben. Ein paar Burschen sind hinter mir die Stiege heraufgekommen, haben mich verdutzt angeschaut, und ich bin zur Wohnungstür hinaus und die Stiege hinunter, ohne ein Wort zu sagen.«

Die Tante kneift die Augen zu, kneift ruckweise, schmerzhaft das ganze Gesicht um Nase und Mund zusammen, greift dann blind nach dem über ihr baumelnden Handgriff, zieht sich ein wenig auf, schaut jetzt um sich und versucht, sich zurechtzufinden zwischen den Familienfotos rechts über dem Kopf, Gregors Bild einer Pariser Straße und vis-à-vis dem von ihm gemalten Köhlerberg, sich in diesem nach einem Jahr immer noch fremden Zimmer im Pflegeheim, an die tausend Kilometer von ihrer alten Aussicht auf den Köhlerberg oder den Altvater entfernt, zurechtzufinden:
»Bist du noch da? Du warst in Freudenthal, in Bruntál, sagst du. Und hast dort das Haus gesehn, unser Haus?«
»Im Garten scharren Hühner.«
»Und die Pappelallee? Die müßte jetzt himmelhoch sein.«
»Nicht so hoch wie erwartet, schau, ich hab sie für dich aufgenommen, sie ist schütter. Die Luft ist zu schlecht.«
»Man sollte keine Pappeln pflanzen!« habe ihr verstorbener Mann wiederholt gesagt, allerdings erst Jahre später: »Wer Pappeln pflanzt, erntet Schrecken! Und genauso ist es dann auch passiert, Schrecken, kaum waren die Bäume halbwegs angewachsen, beim ersten Austrieb schon ist das Unheil passiert. Man hätte keine Pappeln pflanzen dürfen, es gibt doch anderes, wir hätten Roßkastanien oder Ebereschen nehmen müssen für die Allee. Ebereschen kannst du ernten und einmachen, eingekochte Vogelbeeren, eine sehr gute Marmelade. *Veredelte* Ebereschen. Oder eine schöne dichte Kastanienallee, wie eure Hohenstädter Kastanienallee, Kastanien hätten wir pflanzen sollen, nur nicht diese unseligen Pappeln; jedenfalls eine möglichst hohe und dichte Allee gegen den Wind, eine Wand aus Bäumen als Schutz vor den Stürmen.

Wie es bei uns geblasen und gestürmt hat. Und kein Schutz jetzt, schütter ist die Allee, sagst du?«
Sie schaut sich das Bild nicht an.
»Die Luft ist sehr schlecht.« (Nein, sag ihr nicht, daß die Luft dort Wälder und Menschen, vor allem Kinder, vergiftet.)
Sie schaut sich das verwackelte, aus dem Auto aufgenommene Bild der Pappeln in unregelmäßigen Abständen nicht an, das Anna, nachdem die Tante sie vor Jahren, nach der ersten Reise, danach gefragt hatte, auf der zweiten Reise aufgenommen hat, auch den Köhlerberg mit der zerfallenden Wallfahrtskirche und das Haus, in dem sie als junge Frau jahrelang gewohnt hat, die Aussicht von dort auf den langgezogenen nackten Bergrücken, den frisch verschneiten Kopf des Altvaters will sie nicht sehen, »nein danke«, und kneift die Augen, ihr ganzes Gesicht zusammen, keines der Bilder, die Anna für sie aufgenommen hat, möchte sie sehen.

X.

Die gesteigerte Aufnahmefähigkeit

Unzählige Wahrnehmungen in so schneller Abfolge, daß es nicht oder noch nicht gelingt, die Dinge, alle Einzelheiten in Beziehungen zueinander oder in bezug zur Zeit zu setzen. So daß sie wie verstreut im Leeren herumzufliegen scheinen oder wie liegengeblieben. Und auch im nachhinein ist keine Ordnung mehr herzustellen, die möglichen verbindenden Zwischenglieder sind inzwischen nicht mehr aufzutreiben, verlorengegangen. Als ließe man die ausgegrabenen Terrakottasplitter, das war einmal eine Figur, dort ein Gefäß, unbeachtet auf einer Fundstelle liegen, so, wie sie beim Graben auftauchten.

Das andere wäre ein erwünschtes Vergessen. Zu vieles, bedrückend und fordernd, stürmt ununterbrochen ins Bewußtsein, aus der Erinnerung, oder eben Erfahrenes. Was ist's, das geschehen ist? Eben das hernach geschehen wird. Was ist's, das man getan hat? Eben das man hernach wieder tun wird; und geschieht nichts Neues unter der Sonne. Die Flüchtlinge, Flüchtlingsströme auf dem Fernsehschirm, die entsetzten Schwangeren, die verhungernden Kinder, die Toten. Weg damit.

»Weder ›Der Moloch‹ noch ›Der Knüppel‹ oder ›Die rote Gruppe‹, keine dieser Zeitschriften haben ihn im geringsten beeinflußt, auch nicht Jung, Herzfeld, Hausmann. *Il s'en foutait éperduement*«, schreibt Jacqueline dem Olmützer Kunsthistoriker, dessen Artikel über Gregor sie enttäuscht und verärgert hatte.
»Das alles war ihm völlig egal. Wenn mein Mann Menschen bei Tisch zeichnete, mit Tellern vor sich, so weil er sehr viel zeichnete, ohne politische Hintergedanken und ohne die ›Rote Gruppe‹ auf den Tellern«, schreibt Jacqueline:
»Wann verstehen Sie endlich, daß meinem Mann Diskussionen, Gruppen, Caféhausgesellen ein Graus waren, ebenso die *discoureurs d'art*? Mir scheint, ich habe Ihnen das nun schon einige Male gesagt.
In Dresden mochte er die Sachsen nicht besonders, er fand sie humorlos und schwerfällig, hat mir aber häufig von schönen Musikabenden erzählt, von Konzerten des Buschquartetts. Sterl, sein Lehrer, war befreundet mit Fritz Busch, dem Direktor der Oper, so gab es immer einen Platz für ihn. Er hat mir nie von den Leuten gesprochen, mit denen Sie mich viel zu häufig unterhalten, hingegen von Don Giovanni-Aufführungen mit dem Bühnenbild und den Kostümen von Slevogt, von Opern, die man in Frankreich selten spielt, Pique-Dame, Eugen Onegin, Boris Godunow, Freischütz und Fidelio. Er verabscheute Wagner, genauso wie ich, und so wie ich wäre er imstande gewesen, jeden Abend eine Oper von Mozart anzuhören.
Besonders gern besuchte er die verschiedenen Dresdner Kirchen, wenn man dort Kantaten gab oder eine Passion von Bach.
Er liebte Goethe, Baudelaire, Heine, Villon, Thomas Mann, Flaubert, Maupassant, Joseph Roth, E.T.A. Hoffmann und Wilhelm Busch, dessen Zeichnungen er bewunderte. In den Jahren von 1926 bis 1928 hat er mir vieles davon geschickt, ich

glaube sogar, mit Wilhelm Busch Deutsch gelernt zu haben. Ganze Passagen kann ich noch auswendig, die wir uns ein Lebtag lang zu den verschiedensten Gelegenheiten zitierten. Und er mochte auch die Karikaturen von T. T. Heine.
Voilà.
Somit hoffe ich, daß Sie mir nun weitere lächerliche Fragen über X oder Y oder über uninteressante Gruppierungen ersparen«, schreibt Jacqueline nach Olomouc.

Sie habe eines Nachts nicht geschlafen,
habe auch nicht oder nur zeitweilig lesen können. Dann endlich im Halbschlaf sei nicht der ersehnte Schlaf, es sei der Tod gekommen, erschienen, um ›Liebe zu machen‹:
»Ja, er will mich zu meinem Entsetzen lieben, es nützt nichts, den knochigen Schädel wegzuschieben, fort, ich mag nicht, weg, er bleibt, schiebt sich herauf, kommt immer näher, das Gerippe legt sich auf meine Brust, drückt hart ins Fleisch, ich will das nicht, weg, der Knochenmann dringt ein, da nützt kein Widerstreben.«

Am Morgen kam der Brief

Gestern hat die Tante Anna nach Gregors Tod befragt:
»Wie war das eigentlich, ich weiß es gar nicht mehr, wie lange ist es her? Schon vierzig Jahre?«
Und sie reibt sich mit den verbogenen, schmerzenden Fingern über Stirn und Augen: »War er krank, oder hat er sich etwas angetan?«

Am Morgen kam der Brief. Freude, denn es ist Gregors unverwechselbare Schrift. Feste, breite und sehr hohe und tiefe Abstriche, die runden Buchstaben zusammengezogen, ein Wort ist meist nur ein waagrechter Strich zwischen zwei Senkrechten, Überbleibsel aus der Kurrent, wer kann diese Buchstaben noch lesen? Man muß Gregors Schrift gut kennen, am Inhalt sehr interessiert sein, um sie entziffern zu können.

Anders als die kleine, skurrile, aber gut leserliche Schrift seines Vaters, dessen alte Briefe von Krakau berichten, der schönen Stadt, in der dieser sanfte, ungewöhnlich friedfertige Mann im Ersten Weltkrieg einquartiert war; die Beschreibung der Umgebung von Krakau, wo er, den Krieg ignorierend, mit seinen Soldaten Pflanzen sammelte; er tat das, was er immer und überall tat, direkt hinter der Front, berichtet von leeren Gehöften und Hütten, deren Bewohner längst geflüchtet waren.

Und auch ich bin wieder aus meiner Geschichte geflüchtet.

Ja, man muß Gregors Schrift sehr gut kennen, am Inhalt wirklich interessiert sein, um sie entziffern zu können.

Was einmal ein Vorteil war, nach dem Krieg, als die meisten Briefe in der ČSR, alle Briefe, die aus dem Ausland kamen, die Zensur passieren mußten. Sie sieht ihn noch, den eifrigen falschfreundlichen Mann, einen sichtlich geöffneten und pro forma wieder zugeklebten Brief in der Hand, zur Mutter kommen:
»Er schreibt Französisch, Ihr Bruder, nicht wahr?«
Die sollte, nein, sie mußte ihm den Inhalt vorlesen, übersetzen.
»›Ma chère‹, ja, französisch, heißt meine Liebe«:
Sie überfliegt den Inhalt, buchstabiert hier und dort ein halbes Wort: sie verstehe Französisch, sagt sie dem Kommissar,

könne aber beim besten Willen diese Schrift nicht entziffern.

Ich wollte, ich hätte seinen letzten Brief nicht entziffern können, nein, nie erhalten, ich wollte, Gregor hätte diesen Brief nicht schreiben müssen.

Er wird mir vom Besuch bei der Großmutter und der Tante und von seiner Rückkehr nach Paris berichten, denkt Anna, während sie seinen Brief erwartungsvoll öffnet. Indem sie versucht, mühsam, liebevoll seine Handschrift zu entziffern, die flachgezogenen Wörter mit den steilen Senkrechten, schleicht das Grauen ein, finstere Nacht allenthalben vor meinen Augen, und diesen Handzug, die ungeduldige Bewegung seiner rechten Hand vor Augen, seh ich ihn daliegen, seh ihn im vertrauten Pariser Zimmer liegen, mit einem kleinen Loch in der Brust
des Nichtseins Anfang

Nein, nein, das darfst du nicht, das darfst du dir nicht antun, dir, dem allervornehmsten, dem allergeschicktesten und dem allerfreiesten Werkstück Gottes! Das darfst du auch mir nicht antun!

Wie sich nach der schrecklichen Nachricht, nicht greifbar, nicht sichtbar, Stunden nach dem ersten Schock, Liebe, Verehrung und Bewunderung momentweise in Abwehr, Vorwurf, in Wut verwandeln. Denn desto mehr gehabt, je mehr geraubt.

Finstere Nacht allenthalben, als Anna mit Gregors Abschiedsbrief läuft, hinauf zur weit abgelegenen Jagdhütte

läuft, ›finstere Nacht, da mir mein recht mich leitender Wanderstab unbarmherzig aus den Händen gerissen ward‹, und dort ihren Mann nicht findet, von den Jägern vertrieben, allein bleibt mit ihrer entsetzlichen Trauer; kein Geist, nicht sichtbar, nicht greifbar, des Lebens Ende, des Daseins Ende, des Nichtseins Anfang; wie sie weinend, nein, weinen kann sie noch nicht einmal, Weinen wäre eine Erlösung, mit der Bahn weiterfährt. Eine unerträglich lange Reise, vor deren Ende sie sich fürchtet.
Die Erde und alles, was sie enthält, ist auf Vergänglichkeit gegründet. Zu dieser Zeit ist sie schadhaft geworden, denn alle Dinge haben sich verkehrt, das Hintere nach vorn, das Vordere nach hinten, das Untere zum Berg, das Obere zum Tal. Alle Menschen sind mehr zum Bösen denn zum Guten geneigt. Tut aber jemand etwas Gutes, tut er das aus Furcht vor uns, dem Tod.

Dieselbe Strecke ist er vor fünf Tagen gefahren, dieselben prächtigen Ansichten, Aussichten in den Zugfenstern, Freitag. Hat er, unruhig, nervös, wie er vor fünf Tagen war, entwas gesehn?
(Sie dachte an seinen Besuch, die wenigen Tage mit ihm, auch an sein Reden. »Ich rede zuviel.« Aber oft kann ein Mann, der anfängt zu reden, nicht mehr aufhören, selbst dann, wenn er merkt, daß er schweigen sollte, wenn er längst nicht mehr reden wollte, denn die andern blicken ermüdet, irritiert, verärgert. Auch wenn man merkt, daß man redend alle gegen sich aufbringt, daß man sich damit unmöglich macht, dennoch nicht anders können als weiterreden. Als wäre alles, was nicht auszusprechen gelingt, nie gewesen.)
Konnte Gregor, so beunruhigt, als erwarte ihn zu Hause ein Unglück, als rase er unaufhaltsam einer Katastrophe entgegen, etwas von der Schönheit draußen aufnehmen? Wie kann ich, da mir mein recht mich leitender Wanderstab unbarmherzig aus den Händen gerissen ward, mich an Landschaft freuen, überhaupt noch etwas aufnehmen?

Freitag reiste der Onkel zur Schwester und zur Mutter, Mittwoch fährt Anna, um ihnen seinen Tod mitzuteilen. Ihre Angst davor, Großmutter und Tante solchen Schmerz, den sie selbst kaum aushält, zufügen zu müssen. ›Wir sind nichts und sind doch etwas. Deshalb nichts, weil wir weder Leben, noch Wesen, noch Gestalt, noch Aufenthalt haben, kein Geist sind, nicht sichtbar, nicht greifbar sind; deshalb etwas, weil wir des Lebens Ende sind, des Daseins Ende, des Nichtseins Anfang, ein Mittelding zwischen ihnen beiden‹, sagt der Tod zum Ackermann aus Böhmen: ›Wir sind ein Geschehen, das alle Menschen fällt.‹

»War er krank?« beharrt die Tante: »Oder hat er sich etwas angetan? Hat er das wirklich? Warum?«
Sie kneift die Augen, kneift ihre dünnen, trockenen Lider zu, wie ein Spinnennetz ziehen sich die Runzeln von den Rändern des Gesichts um Nase und Mund zusammen.
»Das durfte er nicht, nein, nein, das konnte er sich nicht antun! Das konnte er der Mutter doch nicht antun!«

Angst heute

Die Angst vor völligem Gedächtnisverlust versucht Anna zu verscheuchen. Wie nur dem Kopf nicht alle Hoffnung schwindet. Doch der Zustand eines alten Bekannten geht ihr nicht aus dem Sinn, des Daseins Ende, des Nichtseins Anfang, ein Mittelding zwischen ihnen beiden, seit Prag und der Beschreibung der Krankheit eines alten Freundes.
Ein aus Prag stammender Kollege, dem Anna zu ihrer Verwunderung dort wiederbegegnete, führte sie durch die Stadt, zeigte ihr Prag, wie es kein andrer hätte können. Und während sie die Nerudova hinaufstiegen, erzählte er, wie der

kranke Zürcher Freund, bei dem sie sich das letzte Mal, vor Jahren, getroffen hatten, eine große, sehr schwere Tür aus den Angeln zu heben versucht habe: »Ich weiß, daß das unmöglich ist, muß es aber trotzdem versuchen, ich kann nicht anders, als immer wieder versuchen, diese Tür aus den Angeln zu lüpfen, verrückt, nicht wahr, verrückt, aber ich *muß* es versuchen.«
›Wie nur dem Kopf nicht alle Hoffnung schwindet, der immerfort an schalem Zeuge klebt.‹
Eines Abends, plötzlich sehr müde: »Jetzt will ich weg, nach Hause!«
»Aber du bist doch zu Haus!« Da sei er böse geworden.

Das und anderes hatte sie auf dem Weg über die Karlsbrücke und durch die Kleinseite und die Nerudova hinauf zum Hradschin erfahren. Nun hat der Blick auf die Moldau, dieser Weg durch das alte Prag, für sie etwas mit Verwirrung, Gedächtnisverlust und, schlimmer, mit dem Leiden am Verlust zu tun. So als wäre sie nicht nur mit einem alten, gestern zufällig an der Tramhaltestelle getroffenen Freund an einem regnerischen Tag über die Brücke zwischen den steinernen Heiligen hindurch und die alten Gassen hinauf zur Burg gegangen, sondern als wäre ihr dort ein anderer alter Bekannter in seiner traurigen Verwirrung begegnet, als hätte er sie, sich quälend und die beiden an seiner Qual beteiligend, begleitet. Er geht, er redet, handelt, seinem trostlosen Zustand entsprechend, an eben diesen Orten, neben Franz und Anna. Linkerhand sieht sie ja noch das alte niedrige Haus, in das sie unwillkürlich die Wohnung dieses Bekannten im Geist transferiert hatte.

›Habt Ihr nun bald das Leben gnug geführt?
Wie kanns Euch in die Länge freun?
Es ist wohl gut, daß mans einmal probiert;
Dann aber wieder zu was Neuen!‹

Mußt du rezitieren, mußt du immerfort zitieren?

Die Großmutter klagt: »Jetzt rezitierst du deinen Faust auch noch mitten in der Nacht!«

›Nun nun! ich laß dich gerne ruhn,
Du darfst mirs nicht im Ernste sagen.‹

»Ich probiere, was ich noch auswendig weiß.«
Seine rechte Seite, zeigte er ihr, war gelähmt: ein Schlaganfall:
»Ich muß nachprüfen, ob alles noch da ist:«

›Hilf, Teufel, mir die Angst verkürzen!
Was muß geschehn, mags gleich geschehn!‹

An einem Sommerabend, kurz nach diesem ersten Schlaganfall, saß der Großvater mit einem Bekannten auf der Bank vor einem Berghaus in Niederösterreich. Die Großeltern waren dort als Sommergäste eingeladen, denn die Wiener Wohnung, in der sie bei der Schwägerin Zuflucht gefunden hatten, erwies sich durch ihre Einquartierung bald als sehr eng.

»Ich danke Dir herzlich für den Sommeraufenthalt, auf den ich mich wie ein Schneekönig freue!«

Seinen Rücken an die von der Sonne beschienene Holzwand gelehnt, ließ er sich von der Wärme durchdringen, betrachtete die vor ihm ausgebreitete Landschaft, die vor dem Haus steil abfallende Wiese, von Wald eingefaßt, weidende Kühe, unten, hinter Obstbäumen versteckt, das Bauernhaus und über hohen, vom Wetter zerzausten Tannen Berge, Höhenzüge, die Täler im Dunst, die Kämme scharf davor gezeichnet, ein Bergrücken hinter dem anderen weit ins Offene:
Tief einatmen, durchatmen: Eine grenzenlose Freude.

»So schön wie hier, hatte ich es noch nie!«

sagte er dem Mann, der neben ihm saß: es sei ihm ein wenig schwindlig, ob er bitte seine Frau rufen könnte.
Minuten später fand ihn die Großmutter eingeschlafen, tot.

Sie hat alles genau vor sich gesehn

nicht nur in den schlaflosen Nächten: den gußeisernen Tisch im Garten, die Großmutter, ganz lebendig, die alte, von jahrelanger Gartenarbeit bucklige Frau Dietrich und das Muster, die Farben von Frau Dietrichs Kopftuch, Onkel Gregor (seine späteren Bilder hängen ja an unseren Wänden), die Farben des Vorhangs in ihrem Zimmer, das vorher sein Zimmer gewesen ist, und dort, siehst du den Großvater mitten in seinen blühenden Stauden? Und sie hat wiederholt manche ihrer Erlebnisse andern mitgeteilt, unter sorgfältiger Vermeidung bestimmter Punkte. Mit dem Verdacht, ›daß immer ein *Etwas* zurückbleibt, das sich auf keine Weise anderen Menschen mitteilen läßt ... und damit stirbt man dann, ohne auch nur einem einzigen andern Menschen vielleicht das Wichtigste an seiner Idee übergeben zu können.‹
Wie oft Anna nun schon versucht hat, lange Verschwiegenes zu sagen. Seltsam ist und schier zum Lachen, daß es diesen Text nicht gibt: mit jeder Wiederholung scheint ihr, und somit auch mir, das Erzählte unwahrscheinlicher zu werden. Ja, es wird deutlich, wenn ich ihren Berichten zuhöre, daß die von Mal zu Mal, je nachdem an wen gerichtet, leicht verändert, je nach der vermeintlichen oder auch tatsächlichen Aufnahmefähigkeit des Adressaten, verkürzt oder ausführlich mitgeteilt werden. Wenn ich diesen Geschichten zuhöre, wird mir schmerzlich bewußt, daß ich nur fragmentarisch sagen kann, wie etwas wirklich war, was ich empfinde. Als erzählte ich Unwahres.

La fameuse visite

Nach seinem vergeblichen Besuch des tschechoslowakischen Konsulats in Paris, *sa fameuse visite* zu Kriegsende, habe Gregor nichts mehr von Tschechen und von der Tschechoslowakei hören wollen, bis zu seinem Tod, schreibt Jacqueline.

»Nach seinem Tod habe ich mehrmals sowohl über das Außenministerium wie auch durch den Präsidenten der Republik etwas über den Verbleib seiner Bilder herauszufinden versucht; nur um zu erfahren, daß mein Mann *ethnisch* deutsch gewesen, somit sein Besitz, sein Werk, in Staatsbesitz übergegangen sei. (Brief des Außenministeriums vom 13. November 1970 beiliegend.)«

Laß fahren

In den Garten fliehen vor den alten Geschichten; die Sonne löst sich langsam aus dem Nebel.

Stundenlang schau ich, statt zu schreiben, zum Fenster meiner Roulotte hinaus, ohne zu merken, was um mich herum geschieht: wie Gregor, mein Held, und greife mir, den Kopf kratzend, in die Haare. Oder stehe vor dem nach kurzer Vernachlässigung völlig verunkrauteten Blumenbeet:

›Was hat der Mensch für Gewinn von all seiner Mühe, die er hat unter der Sonne? Ein Geschlecht vergeht, das andere kommt; die Erde bleibt aber ewiglich. Die Sonne geht auf und geht unter und läuft an ihren Ort, daß sie wieder daselbst aufgehe.‹ Ich nehme mir Zeit zum Verweilen auf der etwas feuchten Bank unter einem alten Apfelbaum oder angesichts des vermoosten Gartenstücks hinter dem Wagen. ›Der Wind geht gen Mittag und kommt herum zur Mitternacht und wieder herum an den Ort, da er anfing.‹

Die ersten noch dunklen und zerknitterten Blätter der blauen

Anemonen stoßen aus dürrem, langsam zu Erde zerfallendem Laub, und daneben die meterlangen letztjährigen Triebe der bodendeckenden Rosen und die feinverzweigten kleinblütigen Kletterrosen, auch die Klematis, sprießen schon, und hörst du das Zilpen, Zwitschern, Tirilieren? Das Auge sieht sich nimmer satt, und das Ohr hört sich nimmer satt.

Da lieg ich friedlich im Gras oder hantiere an den Pflanzen, binde die Tomaten wieder auf, ihre langen Triebe winden sich wie Schlangen dem Licht zu, und inzwischen töten sie sich anderswo, fallen Menschen, gewaltsam vereinigte Völkerstämme, mörderisch übereinander her, da verfallen riesige Staaten und reißen sich gewalttätig auseinander. Im Fernsehn zeigt man buntgescheckte Landkarten, als handle es sich um auseinandergefallene, in Einzelstücke zerfallene Puzzles. Geschütze und in Stücke gerissene Menschen.
Eine Zeitlang da, nebenan, eine Weile Bombardements dort, weit weg, morgen ist ein anderer Weltteil auf dem Programm, und da gehen die Metzeleien, so wie die im frisch befreiten Land, ohne unsre Aufmerksamkeit weiter.

Eine wartet und wartet und weiß, daß Entsetzliches geschieht, während sie wartet: Was ist's, das man getan hat? Eben das man hernach wieder tun wird, irgendwo, nein nebenan geschieht was, und geschieht nichts Neues unter der Sonne, ganz nah passiert es, aber vielleicht hält es gerade eine Zeitlang, einen Moment lang an, so wie sie selbst den Atem anhält und hofft, entfernt schimmert eine Möglichkeit auf, so als wäre Glauben, ein Rest davon, irgendwo versteckt übriggeblieben, und so fürchte ich das Bevorstehende, während ich gleichzeitig hoffe, dieses schreckliche Warten wäre zu Ende, gleichzeitig fürchte, am Ende stünde das Grauen da in seiner ganzen Fürchterlichkeit, stünde direkt vor mir, um alle Hoffnung zu fressen, jeden Gedanken an eine bessere Möglichkeit, und ist nicht mehr wegzudenken, nicht mehr wegzuwünschen, nur noch tödliches Entsetzen.

»Sag was.«
»Was denn? Mir hats die Sprache verschlagen.«
»Ist der Tod deines Helden kein Thema?«
»Nein, das ist, bis heute, kein Thema.«
»Und wir haben ihm doch erlaubt, Maler zu werden, wir haben ihm doch nichts in den Weg gestellt!«

Die Großmutter drückt ihr Taschentuch ins Gesicht, daß wir die Tränen nicht bemerken in den sanften, dunklen Augen, die, ein Lebtag lang aufs unausweichlich auf uns zukommende Unheil gerichtet, alles längst vorhergesehen hatten.

Man hat dann nicht mehr davon gesprochen. Laßt fahren! Jahrelang, jahrzehntelang. Man wird der früheren Dinge nicht mehr gedenken, und niemand wird sich ihrer mehr erinnern.

POLSKA
GÓRY ORLICKIE
Král. Sněžník
1425
Dol. Lipová
Jeseník
Keprník
1423
Domašov
HRUBÝ JESENÍK
Międzylesie
St. Město
Branná
Sklené
Nové Losiny
Morava
873
700
Kouty
Rejhotice
602
Praděd
1492
Pastviny
Mladkov
579
Králíky
Hanušovice
479
Červ. Voda
Vel. Losiny
Jablonné n. Orl.
814
Dol. Bohdíkov
Sobotín
Desná
Dol. Čermná
Šumperk
Olšany
Hor. Dobrouč
Štíty
Bludov
Rýmařov
Ostrov
392
Lanškroun
Hor. Město
Rovensko
441
Zábřeh
Hor. Libina
Krasíkov
Mor. Sázava
Třebovice
Oskava
Hor. Dl. Loučka
Krchleby
Sovinec
Paseka
St. Město
Mírov
Úsov
395
Mohelnice
Uničov
Mor. Třebová
292
564
Loštice
566
Třebůvka
236
Městečko Trnávka
Přnovice
Bouzov
Mladeč
Javoříčko
Slavětín
Litovel
Štěpánov
Křenov
Chornice
Náklo
Chvalka
618
Jevíčko
Hvozd
Senice na H.
Blata
DRAHANSKÁ VRCHOVINA
Konice
Chlum
OLOMOUC
Přemyslovice
Třebčín
Letovice
Šebetov
721
Papřč
Kostelec na H.
Olšany
471
Svitávka
Ptení
Čelechovice na H.
Boskovice
Protivanov
Lešany
674
Ludíkov
Plumlov
Prostějov
Němčice
Drahany
474
243
Sloup
Vranovice
Výšovice

Janov
Dívčí Hrad
Głubczyce
Třemešná
Slezské Rudoltice
Heřmanovice
1204
873
Město Albrechtice
Baborów
Pietrowice
Vrbno pod Pradědem
Karlovice
452
Krnov
Kietrz
Karlova Studánka
Anděl. Hora
Opava
889
Úvalno
Nasiedle
Malá Morávka
N. Heřminovy
Brumovice
Lichnov
Bruntál
Pilszcz
Hor. Benešov
Vel. Heraltice
Opava
Kravaře
674
Valšov
Břidličná
Litultovice
Stránské
Deštné
291
Hradec
Ryžoviště
Lomnice
Bílčice
Mikolajice
Hluboček
Melč
509
Dvorce
Huzová
Skřipov
642
Budišov n.B.
467
Mor. Beroun
Vítkov
Podlesí
Domašov nad Bystřicí
Šternberk
Město Libavá
Fulnek
Kujavy
Jívová
Spálov
Smilov
Bystřice
Odra
Odry
Suchdol
Dolany
613
Potštát
558
Vel. Bystřice
Jeseník n.O.
580
Bělotín
Holice
Vel. Újezd
333
333
St. Jičín
Drahotuše
Dol. Újezd
Hranice
Vel. Týnec
Tršice
Hustopeče n.Beč.
Lipník n.Beč.
Brodek u Přerova
Lhota
Opatovice
Bečva
Býškovice
Kelč
Přerov
Kunovice
351
Valašské Meziříčí
Troubky
Dřevohostice
Loučka
198
POLSKO
JESENÍKY
NÍZKÝ JESENÍK
ODERSKÉ VRCHY

Inhalt

V.

VI.

VII.

VIII.

Erica Pedrettis Bücher
im Suhrkamp Verlag:

Harmloses, bitte. 1970
suhrkamp taschenbuch 558. 1979

Heiliger Sebastian. Roman. 1973
suhrkamp taschenbuch 769. 1982

Veränderung. 1977
suhrkamp taschenbuch 1156. 1985

Sonnenaufgänge, Sonnenuntergänge.
Erzählungen. 1984
suhrkamp taschenbuch 1653. 1989

Valerie oder Das unerzogene Auge. 1986
Bibliothek Suhrkamp 989. 1988
suhrkamp taschenbuch 1914. 1991

Engste Heimat. 1995